소류지에 머무는 밤

2025년 12월 5일 초판 1쇄

글쓴이	박소담
그린이	박소담
펴낸이	김성태
편집	정승화
디자인	스튜디오 윤슬

펴낸곳	이상공작소
출판등록	제375-2019-000058호
주소	경기도 화성시 병점중앙로159번길 5-8, 101호
전화번호	0506-886-0906 **팩스번호** 0504-404-0906
홈페이지	http://idealforge.kr
인스타그램	@ideal_forge

ISBN 979-11-970938-7-6

소류지에 머무는 밤

당신이 찾던 다정한 상실

4

주저했던 날들을 고백한다.

나약한 자가 살아남아* 오랫동안 슬펐다.
그림을 그리면 좀 나아졌다.
죽음이 가까이 있다는 사실을 잠시나마 잊을 수 있었다.

강해지는 법만 배우는 세상에서 그림으로 약해지는 법을 배웠다.
그리면 그릴수록 나약한 나를 보았다.
나약함은 나에게, 너에게 무기가 되기도 했다.

그림으로 자주 어리석은 사람이 되었다.
그리지 않으면 살 이유가 없는 사람도 되어 보았다.

나약함은 외로움과 미움을 벗 삼아 살아갔다.
사랑받기보다 미움받기가 편한 날도 있었다.
그래도 붓을 드는 이 마음을 간절함이라고 믿었다.

다 마른 물감을 가릴 수는 있어도 지울 수는 없었다.
살아남은 자는 지워지지 않았고 간절한 사람이 되었다.
주저했던 시간을 이고 나아가는 사람이 되었다.

별과 사람만큼 그림을 사랑하게 되었다.
그린다는 말로 사랑한다는 말을 대신하게 되었다.
이 나약한 사랑 이야기를 완전히 깨물어 뱉어본다.

---

*베르톨르 브레히트의 「살아남은 자의 슬픔」(1944년)에 부쳐.

입구

1.

발
자
국

사랑하는 딸에게*

새해를 맞이하며
소망도 행복도 사랑도
딸에게 가득 넘쳐나게 하소서

다시 떠오르는 한 해는
딸에게 축복으로 가득한 내일만 주소서

바다를 산을 세상을
눈부시게 비추는
태양의 기적을 딸에게 주소서

딸아
아프지 말고 건강해야지
늘 고마워요
사랑해요

---

*2023년 12월 31일 엄마의 편지.

느린 원망

서글픔, 체념. 이 둘은 하나처럼 느껴졌다. 아빠가 집을 나간 후 엄마의 우울은 심해졌다. 그녀는 시인이자 화가였다. 미대 준비생들과 손님들로 붐비는 큰 작업실도 운영하고 있었다. 하지만 원치 않은 가장이 된 후 생활고에 시달리면서 전부 정리해 버렸다. 술에 취해 새벽에 들어오는 날도 많았다. 그녀는 부모와 남편을 원망했고 가끔은 자식을 탓했다. 화가 나면 거침없이 욕하고 부수고 때리는 그녀가 두려웠다. 그러나 밉지만은 않았다. 그녀는 자식을 끔찍하게 여겼다. 누구보다 잘 키우고 싶어 했다. 하지만 숨 쉬는 일조차 버거웠다. 그녀의 혼란은 나에게 당근이자 채찍이었다. 그녀를 위해 내가 할 수 있는 최선의 방식은 기다림이었다. 주어진 일을 잠자코 해내면서 어린 아픔을 꾹 눌렀다. 끝 모를 슬픔이 잦아들기만을 기다렸다.

고비를 넘길 때마다 할아버지에게 편지를 부쳤다. 두렵고 불안했지만, 늘 잘 지낸다고 썼다. 공부를 열심히 해서 꼭 훌륭한 사람이 되겠다는 말도 빠뜨리지 않았다. 일찌감치 품은 따뜻한 의지는 식지 않았다. 막연하고 순수했던 그 약속은 어디서든 자리 잡는 뿌리가 되었다. 덕분에 악착같은 구석도 자랐다. 동생은 조금 달랐다. 너는 집에서도 학교에서도 웃지 않았다. 한날한시에 태어난 우리는 걸음마를 뗀 무렵 떨어져 살았다. 너는 엄마와 아빠 곁에서 자랐지만 혼자 있는 시간이 많았다. 내가 개울에서 개구리와 잠자리를 잡고 있을 때, 너는 옥탑방 문을 열고 언니와 비둘기와 소금쟁이를 부르고 있었다. 책상 위에 엎드려 있는 너를 대신해 매일 교무실로 불려 갔다. 네 동생 도대체 왜 그러니? 너의 작은 뿌리가 흔들리고 있는 거라고 차마 말하지 못했다. 너는 가끔 작은 종이에 꼬마를 그렸다. 한 장씩 넘길 때마다 그림이 움직이는 플립 북이었다. 작은 낙서조차 그린 이의 꿈을 닮는다. 그림 속의 꼬마는 항상 웃고 있었다. 너는 꼼꼼하고 신중했다. 눈썰미와 손재주도 남달랐다. 예술대학교에 가서 그림을 제대로 배우고 싶어 했다. 하지만 엄마의 반대는 완강했다. 급식비도 제때 못 내는 형편이었으니까.

붓을 놓은 엄마는 자식이 그림쟁이가 되는 것을 용납하지 않았다. 하지만 그림은 너와 내가 나란히 물려받은 안식처였다. 우리는 그림을 각자의 오른손에 달린 운명처럼 여겼다. 학교 중앙 게시판에는 종종 운명을 시험할 수 있는 일이 걸려 있었다. 새로운 미술 대회 포스터가 보일 때마다 마음이 흔들렸다. 애써 못 본척하기도 했다. 매년 대한 화학회에서 주최하는 포스터 그리기 대회가 다시 돌아왔을 때였다. 접수 마감 전날에 아무도 모르게 서류를 냈다. 미대 지망생도 아닌 이과생이 전국 미술 대회를 나간다는 사실이 알려지면 다들 의아해할 것이 분명했다. 하지만 이번 기회마저 놓치면 후회할 것 같았다.

집에 가자마자 방바닥에 도화지를 펴놓고 엎드렸다. 가진 도구라고는 수채화 물감뿐이었다. 포스터 느낌을 내기 위해 물기를 계속 닦아내면서 그렸다. 처음으로 밤을 꼴딱 세면서 그린 날이었다. 다음 날 접수 담당 선생님이 그림을 보고 놀랐다. 진짜 네가 그린 거 맞냐? 며칠 뒤 결과가 나왔다. 믿기지 않았지만, 동상이었다. 빠르게 소문이 났고, 반응은 예상대로였다. 벌써 대학 가길 포기한 거냐는 걱정 섞인 비아냥뿐이었다. 그냥 한번 해보고 싶다는 얄팍한 이유가 아니었다. 그리는 일에 갈망을 느끼고 있고 그 이유를 알고 싶었다. 수상작들을 보니 포스터물감을 쓰지 못한 게 아쉬웠다. 그래도 마음만 먹으면 그릴 수 있다는 것을 스스로 증명해 낸 기분이었다. 언제든지 그릴 수 있다는 믿음을 무기처럼 비밀처럼 체념 뒤에 꼭 꼭 숨겨두었다.

고등학교 졸업을 앞두고 이모 집에서 하숙을 시작했다. 엄마와는 조금씩 멀어졌다. 그녀는 고향에서 작업실을 다시 꾸리기도 했으나 얼마 가지 못했다. 아무것도 그리지 않았으니까. 가끔 만난 그녀는 모든 것을 잃은 표정이었다. 자신이 있을 곳은 여기가 아니라며 이해할 수 없는 말도 자주 했다. 과거와 현실에서 벗어나 새로운 삶을 살고 싶어 했다. 그녀의 그림자는 한 마디 위로로 걷힐 만큼 가볍지 않았다. 왜 진작 말하지 않았어. 힘든 건 말을 해야 알아. 시간은 기다려주지 않아. 사람들은 아픔에 유효기간이 있다는 듯 상대를 질책하면서 자신을 방어하기도 한다. 그런 타박을 들어도 원망하지 못했다. 아플수록 멈춰서 기다렸다. 할아버지와 헤어졌을 때도, 아빠와 헤어졌을 때도, 그녀와 헤어졌을 때도 잠자코 견디기만 했다. 시간이 아주아주 흘러가 주기만을 바랐다.

고목

쓰러진 고목이 일어선다. 보행기를 짚고 한 걸음 두 걸음 천천히. 노인의 다리는 땅속 깊게 박혀있던 뿌리가 같다. 뼈의 윤곽이 드러날 만큼 앙상해진 당신을 보면 숙연해진다. 평생 볕에 탄 피부가 하얗게 되돌아올 때까지는 일 년이 채 걸리지 않았다. 웃을 때 쓰이는 근육마저 다 빠진 뺨을 가만히 훑어보았다. 아이처럼 잠든 당신의 얼굴은 다행히 평온했다.

내 기억의 절반은 당신이다. 당신은 나무 같은 손으로 풀숲을 헤치며 잡초를 뽑고 가지를 쳤다. 개울에 징검다리를 놓고 까마귀 떼를 쫓으며 허수아비를 세웠다. 꽃을 솎아서 열매를 냈고 수확한 것들은 저온 창고로 옮겼다. 장에 나간 외할머니의 빨간 바구니가 비어 나갈수록 돈주머니가 두둑해졌다.

평생 두 개의 산을 지킨 발자국이 지워지지 않았다면 당신이 딛지 않은 흙이 없었다. 당신의 여러해살이가 나를 한 살 두 살 먹여 구원했다. 당신이 닿지 않은 형제, 자식, 손주도 없었다.

과수원에 서 있는 당신은 오래된 감나무였다. 그 손가락과 손목, 종아리, 발톱에는 나무의 일생이 들어있다. 외피는 두꺼워지다가 거칠어지다가 이제 벗겨지고 있다. 누운 당신 곁에 나무 그림을 세워두었다. 그리고 비밀을 말하듯이 속삭였다. 할아버지, 이거 소담이가 그렸어요. 고목이 손가락을 까딱했다. 나는 더 옆으로 붙어 앉았다. 우리 소담이 그림은... 참 맑다.... 작은방에 들어앉아 먹을 갈던 청년이 떠오른다. 해가 지면 산(山) 사람의 하루도 따라진다. 하지만 당신은 밤이 와도 잠들지 않았다. 붓을 내려놓는 소리와 종이를 넘기는 소리가 규칙적으로 적막을 뚫었다. 아가! 이리 와서 할아부지 글씨 좀 봐라. 공부는 끝이 없다. 무슨 일이든지 시작했으면 야무지게 끝을 내봐라. 새까만 눈으로 당신을 올려보면 코를 꼬집으면서 한마디를 더 했다. 알긋나, 이 문디 밤피야.

내가 태어나기 전까지만 해도 당신은 외동아들만 챙겼다. 겸상이나 공부는 아들에게만 허락했다. 집안일과 돈 버는 일은 여자들의 몫이었다. 욕설과 손찌검을 달고 살던 당신의 인생은 지천명을 넘기면서 급변했다. 할머니가 밥상을 내면 손녀를 오른쪽 무릎 위에 앉혔다. 생선 반찬이 나오면 들뜬 목소리로 물었다. 아가, 머리 물래? 꼬리 물래? 나는 몸통 물래! 머리랑 꼬리는 할아부지 해! 그 앙칼진 대답을 들을 때마다 당신은 숨넘어가듯 웃었다. 과수원에서 가장 잘생긴 감나무 가지에 손녀 그네를 매달았다. 열매를 팔아서 번 돈으로 빨간 장화를 사다 신겼다. 마을 사람들은 그 지극한 사랑을 희한하게 여겼다. 당신의 절반은 나였다. 투박한 순애보였다.

문디야, 내 없으면 니는 외톨이다. 오래전 당신이 했던 말이 자꾸 귓가에 스며든다. 사람은 언젠가 반드시 고아가 된다. 혼자라는 사실을 실감할 때마다 나는 자세를 고쳐 앉았다. 연필과 붓을 자꾸 고쳐 잡았다. 조바심의 모양일까. 선이 달라지면 잠시 멈춘다. 내가 그린 세계의 절반은 당신이다. 할아버지 죽으면 나는 어떡해. 낙엽처럼 파싹 마른 당신 앞에서도 나는 여전히 철이 없다. 아직도 내 생각만 하니 정말 문디 자슥이다. 바람이 차다. 미친 여자처럼 그리고 어린아이처럼 울어야만 하는 슬픔이 다가오고 있다.

유산

병실 밖으로 보이는 숲은 지독히 푸르렀다. 숨을 들이마시면 가슴 한 쌍이 초록색으로 물들 듯했다. 그 풍경과 어울리지 않게 휠체어에 몸을 의지한 그녀는 몹시 창백했다. 암과의 첫 번째 사투를 마친 그녀를 보면 내 오른쪽 가슴이 뚫린 것 같았다. 퇴원 날, 부축을 받던 그녀가 말했다. 세상이 초록색이네. 엄마, 이제 잘 낫기만 해. 이대로만 시간이 흐르면 깨끗이 나을 수 있을 거라 믿었다. 그까짓 암 덩어리가 뭐라고. 그녀가 약해지면 조급해졌다. 무슨 일이라도 해야 할 것만 같았다.

웬일이고. 과수원으로 데려가달라는 손녀의 부탁에 할아버지는 이른 아침부터 마중을 나왔다. 초여름 과수원은 쉴 틈이 없다. 옥수수밭 주변으로 햇민들레가 천지였다. 호미와 소

17

쿠리를 들고 할머니와 땡볕에 쪼그려 앉았다. 겨울 끝에 핀 민들레는 약이다. 뿌리까지 통째로 장에 담가 먹으면 맛도 그만이라고 했다. 엄마 몸은 이제 깨끗해. 건강하게 먹고 조금씩 운동도 하면 다 낫는대. 동생과 나는 돌아가면서 그녀에게 살아주길 부탁했다. 암이 부지런히 다녀봤자 민들레가 피는 속도보단 느릴 거라고 믿었다.

그녀는 상처가 아물기도 전에 소리 없이 떠나버렸다. 아무에게 언질이 없었다. 바다 앞에 집을 구해 혼자 살고 있다고 했다. 한 달에 한 번 그곳에 갔다. 그녀는 하얀 집을 쓸고 닦으면서 자꾸 숨이 차고 무릎이 시리다고 했다. 그 몸으로 더 멀리 떠나고 싶어 했다. 하루아침에 그녀가 사라진다 해도 전혀 이상할 것 같지 않았다. 두 번째 사투는 정확히 오 년 뒤에 일어났다. 다시 수술대에 누운 그녀는 오른쪽 가슴을 전부 도려냈다. 암이 척추에까지 퍼졌을지도 모른다고 말했다. 반대로 말하기가 특기인 그녀였지만, 아무렇지 않은 척할 수 없었다. 빈 가슴을 누르며 괴로워했다. 대중목욕탕에 들어가 여인들을 붙잡고 절규하기도 했다. 서럽게 울다가 실없게 웃었다.

잘려 나간 가슴 자리는 그녀에게 형언할 수 없는 상실감을 주었다. 내려가는 오른쪽 어깨를 의식하느라 걷기도 불편해졌다. 그런 몸을 이끌며 자꾸 바다로 향했다. 헤엄칠 줄도 모르면서. 바다에 다녀와서는 이상한 부탁을 했다. 죽으면 다 그만이다. 내가 죽으면 산에 묻지 말고, 바다에 뿌려라. 서해 말고 동해에. 죽음을 하찮게 대하면서도 구체적으로 소원했다. 유언이라는 그녀의 말을 받아들이는 척만 했다. 한동안 니 애비를 기다렸다. 장작불 앞에 앉아 있던 그녀가 아빠 이야기를 슬며시 꺼내던 날에는 못 들은 척했다. 크게 반응하지 않으려 했다. 그녀를 위한 배려였다. 지나치게 여린 사람 중에는 차가운 말투를 가진 사람이 많다. 그들은 스스로 냉정하다고 믿는다. 그녀도 그랬다. 한없이 무른 진심을 견고하게 숨겼다. 그럴수록 깊게 파고드는 아픔을 알면서도.

하얀 겨울 오후에 봄나무를 그리던 그녀의 옆모습을 기억한다. 그녀의 봄나무는 우연처럼 내 방에 서 있다. 흩날리는 꽃잎들은 여전히 아름답다. 저 나무를 가만히 바라보는 이 오후마저 오래전 그녀가 그려놓은 그림처럼 느껴진다. 그녀가 살았던 작업실은 촉촉했다. 향긋한 유화 기름 냄새가 가볍게 떠다니고 있었다. 그녀는 들꽃과 나무를 좋아했다. 자신을 닮은 풍경 속에 앉아 밤새워 그렸다. 그때까지만 해도 그녀에겐 아픔을 잊을 수 있는 꿈이 있었다. 그 꿈을 조금씩 이루어가고 있었다. 붓이 따라주지 않는 날에는 맨손으로 그려봐라. 딸이

갑자기 그림을 그리겠다고 했을 때, 그녀는 어제까지 그린 사람처럼 이것저것 조언을 했다. 그녀의 꿈속에 자신을 닮은 딸의 운명도 있었을까. 그래서 어린 딸을 앉혀놓고 류시화, 피천득 같은 시인의 글을 절절하게 낭독해 주었을까. 유리구슬 같은 얼굴로 맑은 빛을 토해내던 사람. 그녀는 내게 그림을 꿈꾸게 만든 첫 번째 목소리였다.

그녀의 삶과 나의 삶을 자주 겹쳐본다. 살다 보면 자꾸 안쓰러운 사람을 만난다. 누군가가 안쓰러워 보이면 그게 사랑이다. 나에게 드문 사랑이 왔다는 사실을 알려준 것도 결국 그녀였다.

연필

깎지 않은 연필로 한나절을 그렸다.
소낙비가 땅으로 사라질 때 본 것들을.
코끝에서 공중으로 떨어지는 물 구슬과 우산 없는 고양이.
우산 없는 풀잎과 여름 낙엽.
모두 숨이 질다.

구름이 토해내는 물기만큼 깊어지는 호수를 안다.
거기 일렁이는 느티나무 길을 말하지 않을 줄 안다.

투명한 존재들이 밖에서 나를 찾길래 커튼을 허리 위로 거두
었다.
연필 깎는 일을 자꾸 잊고 나가 걸었다.
팔모가지를 당기는 너
내려다본 발아래에 작은 우산이 피어있다.

검지의 굳은살처럼
숨이 긴 우산이었다.
숨이 긴 연필이었다.

떨리는 파도

신경계 치료를 시작하면서 첫 작업실을 덜컥 구했다. 마음만 먹으면 그릴 수 있는 때가 바로 지금이라고 생각했다. 작업실은 북향을 보고 있는 건물이었다. 차갑고 오래되고 어두웠지만 아무도 찾지 않았다는 점이 마음에 들었다. 이젤과 물감, 붓과 마른 수건, 책과 찻잔. 물건들로 공간을 채우면서 엄마의 작업실을 회상하기도 했다. 일이 끝나면 곧장 작업실로 갔다. 등유 난로를 피워놓고 입김을 흐트러뜨리며 캔버스 앞에 앉아 있는 시간이 소중했다. 물감 범벅이 된 털신과 토시, 앞치마는 나의 분신이었다. 팔레트 위에 굳은 물감은 아픈 기억과 함께 물에 녹았다. 그리고 그릴수록 얇게 풀어져 나갔다. 난데없이 찾아오는 두통도 천천히 받아들일 수 있었다.

군발성 두통은 두려운 병이다. 예고 없이 머리를 옥죄는 통증은 송곳처럼 날카롭다. 그 고통이 너무 심해서 벽에 머리를 치는 사람도 있다. 나는 갑자기 꼬꾸라져서 의식을 잃기도 했다. 팔과 몸을 뒤틀면서 경련을 일으키기도 했다. 그나마 다행스러운 점은 잠복기가 있다는 것이다. 두어 달에 한 번 약을 받기 위해 대학병원에 간다. 신경과에는 머리가 아픈 사람들이 빼곡하게 진료를 기다리고 있다. 그 속에 앉아 순서를 기다리는 일은 여전히 비현실적으로 느껴진다. 병원에서는 사람마다 다르게 나타나는 통증과 잠복기 때문에 두통 일기를 쓰게 한다. 전조를 파악하는 데만 1년이 걸렸다. 잠복기가 끝날 때마다 뒤통수에 주사를 맞았다. 그러면 통증이 조금 덜해졌다. 두통은 공황장애와도 연관이 있다. 사람이 많은 곳에서 머리가 아프기 시작하면 느리고 깊게 숨을 쉬어야 한다. 눈앞이 캄캄하다고 느껴지면 한적한 곳으로 잠시 이동해서 휴식을 취해야한다. 언제부턴가 몸이 차가워지면 무심코 오른팔을 주무르는 습관이 생겼다. 팔이 떨리면 곧 머리가 아플 거라는 신호로 여겼다.

　작업실에서 맞이한 첫 번째 겨울에는 눈이 많이 내렸다. 함박눈을 맞으면서 산책을 한 날 밤, 바다 한가운데 놓인 조각배를 그렸다. 잔잔한 물결을 떠올리면서 눈을 감았다. 호숫가에서 보았던 오리 떼를 회상했다. 오리들은 가슴팍에 부리를 파묻은 채 잠들어 있었다. 무리 중 가장 작은 녀석이 저수지 중앙으로 헤엄쳐 나오는 것을 보았다. 한참을 떠돌더니 물 아래로 잠수해 버렸다. 그 후 고요한 적막이 흘렀다. 붓끝이 부서지다가 다시 봉긋해지기를 반복해도 머릿속의 적막은 사라지지 않았다. 그렇게 그리다 보면 두통도 잠잠해졌다. 고요한 숨결들을 바라보면 저리던 팔도 가벼워졌다. 그들을 내 세계에 불러 같이 살고 싶었다. 두통이 파도를 때리고 붓을 놓친 손이 허공을 헤매겠지만 적막을 가까이 두면 조금 더 견딜 만했다.

경련이 끝나면 천천히 눈을 뜨고 창밖을 바라보았다. 좁은 골목길 사이로 노을 꼬리가 느리게 지나간다. 라디오에서 나오던 음악은 멈춰있다. 요동치는 선들을 바로잡으려 다시 붓을 들기도 했다. 푸르스름한 새벽까지 긋고 또 그었지만, 떨리는 파도를 숨길 수 없었다. 매끄럽게 살 수만 있다면 얼마나 좋을까. 고단한 몸을 난로 앞에 앉혔다. 고요하지 않은 바다를 계속 바라보았다. 무작위의 선들은 죽을 때까지 그려야 하는 숙명처럼 다가왔다. 그릴 수 없는 선만 쫓다가 더 초라해지고 싶지 않았다. 손과 몸을 떤다고 포기할 수는 없었다. 체념 뒤에 숨겨온 믿음을 여백 위에 쏟아부었다.

이유

사람은 자신보다 더 소중한 존재가 생기면 어떤 일이든 견디게 된다. 내겐 유달리 동생이 그랬다. 우리는 서로를 태어난 이유처럼 여겼다. 직장을 자주 옮기던 아빠를 따라 매년 전학을 다녔다. 자리 잡지 못한 가정은 화목한 날이 드물었다. 부모님은 자주 언성을 높였다. 언쟁은 몸싸움으로도 이어졌다. 아빠는 주먹으로 물건을 부쉈다. 그때마다 들이닥친 공포를 온몸으로 견뎌야만 했다. 초록색 포도송이 장식의 식탁이 박살 나고 방문이 부서졌다. 도망치던 엄마의 귀에서 피가 흐르는 것을 본 기억. 동생 손을 꽉 잡고 방으로 들어가 문을 잠그던 기억. 부서진 방문 틈으로 아빠가 나간 게 맞는지 확인하던 기억. 그런 기억을 원망하지 않고 지금에 안도할 수 있는 이유, 네가 항상 곁에 있었다.

학교도 다정한 곳은 아니었다. 눈치를 많이 보는 탓에 친구에게 말을 걸 줄도 몰랐다. 바보 취급에서 시작된 장난부터 심한 따돌림도 당했다. 책상 서랍에 다른 친구의 물건이 들어있기도 했다. 전학생이 손버릇이 나쁘다고 선생님께 욕설을 듣고 맞았다. 나에게 역한 냄새가 난다는 소문도 돌았다. 아이들은 내 옆을 지나갈 때마다 구역질하는 시늉을 했다. 속상했지만 말할 곳이 없었다. 나는 언제 터질지 모르는 물풍선이지만 지키고 싶은 이름과 약속을 잊지 않았다.

점심시간마다 책상 위에 생기던 익명의 낙서처럼, 집안에 빨간 종이가 붙어있기도 했다. 까만 정장을 입은 사람들과 집주인 아주머니가 찾아오면 구석에 숨어있는 날도 많았다. 덜컥 문을 열어주었다가 엄마한테 온몸을 두들겨 맞기도 했다. 현관문을 두드리는 어른들은 무서워 보였지만 생각보다 친절했다. 그중 한 아저씨는 쓸모를 잊은 프라이팬을 들여다보면서 배는 안 고픈지 묻기도 했다. 그에게도 자신보다 소중한 존재가 있었을지도 모른다.

중학교에 입학한 후 형편은 더 어려워졌다. 학교에 가기 위해 이른 새벽에 일어났다. 큰 솥에 물을 받아 가스레인지로 옮겼다. 물이 끓을 동안 찬물로 머리를 감았다. 뒤따라 일어난 동생은 더운물로 머리를 감게 했다. 겨울에는 둘이서 헤어드라이어로 이불을 데웠다. 따뜻한 공기가 빠져나가지 않게 동시에 재빨리 이불에 들어가야 했다. 그게 재밌어서 깔깔거리다가 잠들었다. 아플 때도 같이 아팠다. 적신 수건으로 서로의 수건으로 얼굴을 닦아줬다. 배가 고프면 통조림 햄 하나를 나눠 먹었다. 주말에는 나란히 자전거를 타고 온 동네를 쏘다녔고 해가 질 때까지 운동장에서 공을 찼다. 비릿한 물 냄새에 익숙해진 우리는 물가에서 놀다가 비둘기 떼를 피해서 달리기도 했다. 그런 찰나들이 훗날 살아가는 이유가 될 줄도 모른 채.

티

중학교에서 만난 친구들은 모두 밝은 성격에 공부도 열심히 했다. 필기가 빽빽한 교과서를 보여주기도 했고, 학원을 함께 알아봐 주기도 했다. 친구들과 잘 지내고 싶었다. 같이 있다는 이유만으로 행복했다. 특별히 나아지지 않아도 희망을 품고 살았다. 가난은 완벽하게 감출 수 없다. 숨겨도 티가 난다. 하지만 그 티를 안아주는 사람들과 성실하게 살다 보면 강인해진다. 그러면서 좋은 의미의 티로 변하기도 한다. 자신보다 상대의 아픔을 먼저 짐작하고 행동하는 사람을 보면 성실하게 견뎌왔을 거라고 믿어지듯이.

과한 책임감은 좋지 못한 티다. 잘못하면 야무지 못한 사람으로 보일 수 있다. 고등학생 때부터는 생활비를 벌었다. 레

스토랑, 패스트푸드점, 치킨집, 분식점, 카페에서 일하면서 다양한 사람들을 만났다. 자신의 위치를 지키기 위해 모두가 노력했다. 마감 청소를 할 때면 세제를 탄 물이 양말 안까지 들어와 발끝을 적셨다. 음식을 조리하다가 기름이 튀어 이마와 손목에 화상을 입기도 했다. 대학생이 된 후로는 과외와 미술학원 보조 일을 했다. 먼지와 땀으로 찌든 얼굴, 음식 냄새가 깊숙이 밴 옷과 몸을 보면 뿌듯했다. 그러다 다치거나 몸이 상한다고 해도 아랑곳하지 않았다. 하루씩 해내고 있는 자신을 믿었고 손 쓸 수 없는 시간을 무던히 대할 수 있었다.

그런 생활에 익숙해졌을 무렵 낯선 번호로 전화가 왔다. 소담아. 잘 지내니. 아빠의 목소리는 그대로였다. 순간 입이 얼어 말문이 막혔다. 반가워해야 할지, 슬퍼해야 할지, 원망해야 할지 알 수 없었다. 그의 신세 한탄을 오래오래 듣고만 있었다. 허탈했다. 웃으면서 돌아와 주길 바랐다. 나는 왜 이렇게 물러터진 걸까. 아빠와의 연락은 곧 끊어졌다. 아주 가끔 그의 행방을 궁금해하기도 했지만 다 잊은 사람처럼 살았다. 그래야만 했다.

통증은 상처를 인지하는 순간부터 느껴진다. 나의 소년 시절은 무척 따끔거렸다. 상처투성이인 내가 누군가를 사랑할 수 있을까. 사랑하기보다 상처 덮기에 급했고 사랑한 만큼 기억하지 못했다. 사랑보다 느리게 걷는 원망. 한참 뒤에 오는 아픔. 이것들을 완전히 걷어낼 수 없어 눈앞이 묘연한 날마다 종이와 연필을 꺼냈다. 무엇이든 그리고 싶었다. 모두가 잠든 새벽, 자전거를 타고 바람을 가르면서 집으로 가는 길은 늘 고요했다. 그때만큼은 야속한 사람들을 실컷 원망했다. 힘들면 멈춰도 된다고, 그만하면 됐다고 말해주던 얼굴을 떠올리고 싶었지만 찾지 못했다.

엊그제 퇴근하고 보니 현관문에 뭔가 붙어있었다. 복지센터 직원이 붙여놓은 방문증이었다. 티가 난다는 사실이 때로는 다행이었다. 그 덕에 가끔은 말하지 않아도 알아채는 사람을 만났다. 한 캔버스에 여러 그림을 덧칠한 사연을 묻는 사람을 만나면, 괜찮은 티를 가진 사람 같아서 내심 반가워했다. 해가 질 녘 통학버스 안에서 첫 끼를 먹을 때, 이모가 식탁 위에 꺼내둔 차비를 모른 척할 때. 첫 월급으로 할머니에게 안마의자를 해드렸을 때, 아이들에게 책 선물을 할 때. 오랜만에 만난 친구를 껴안으며 반가워할 때, 너를 대신해서 아프게 해달라고 기도할 때. 가난을 속이지 않고 이겨낼수록 삶의 여린 찰나들이 모여 굵직한 지지대가 되었다. 단단한 사람티가 나게 했다. 목구멍에 걸려 있던 가시가 사라지고 어느 평온한 날로 조용히 흘러갔다.

흔적

엄마가 다시 사라진 지 얼마 지나지 않아 새아빠로부터 연락이 왔다. 월세가 밀려 쫓겨난 처지인데 당장 머물 곳이 없다는 내용이었다. 전시 계약금 사기를 당한 후 생활이 녹록지 않았지만, 그를 며칠 집에 머물게 했다. 어떡해서든 엄마만은 되찾아주길 바랐다. 디자인 외주 일을 구하면서 밤샘 작업에 시달려도 깊이 잠들지 못했다. 정산은 계속 미뤄졌다. 그래도 희망을 놓지 않았다. 배달 일을 알아보다 우연히 동네 서점의 구인글을 발견했다. 이력서를 보내자마자 연락이 왔다. 면접은 수월했다. 몸에 무리가 많이 갈 거라고 했다. 오히려 좋았다. 그렇게라도 갑갑한 상황에서 벗어나고 싶었다.

　한여름의 서점 일은 고되었다. 팔다리는 퉁퉁 부었고, 유니폼은 땀과 먼지로 얼룩졌다. 처음 한 달간은 몸살을 달고 살았다. 출근길에 코피가 터지기도 했다. 세상의 변덕이 심했지만, 서점은 늘 차분했다. 깊은 밤 가로등이 켜진 퇴근길도, 옥상에서 노을을 보는 휴식 시간도 고요했다. 서점 동료들은 모두 말수가 적고 성실했다. 그들은 작은 무언의 행동 속에도 책임을 느끼면서 일했다. 수습 기간에 큰 실수가 잦았던 나를 말없이 도와주는 날도 많았다. 그런 사람들과 함께 일할 수 있어서 감사했다.

어제 서점은 평소보다 두 배나 바빴다. 재고를 세고 서가를 정리하느라 양쪽 무르팍이 깨지고 멍들어 있었다. 열 손가락과 허리도 쑤셨다. 꼼짝도 하기 싫지만 밀린 일이 너무 많아 막막했다. 오후에는 중요한 미팅도 있었다. 몸에 힘을 빼고 천천히 움직여 거울 앞에 서니 내 모습이 병든 병아리처럼 보였다. 지하철을 타고 이동만 꼬박 네 시간이 걸렸다. 미팅은 무사히 진행되었다. 긴장이 풀리니 허기가 느껴졌다. 곧바로 집으로 돌아와 메밀국수를 삶았다. 육수에 수면제를 넣은 것처럼 눈꺼풀이 무거워졌다. 먹다 말고 그대로 거실 바닥에 쓰러져 잠들어 버렸다.

눌린 어깨가 아파 깨어보니 이른 저녁이었다. 세탁방에 가야 하는데. 일주일 치 빨래가 쌓여있었다. 물끄러미 거실벽을 올려다보았다. 연필 눈금이 그어져 있었다. 누가 저기서 키를 쟀나 보다. 이 집에는 원래 아이를 키우는 가족이 살았다. 벽지 곳곳에 연필로 그린 낙서가 남아있다. 엄마와 동생과 함께 살았던 집이 떠오른다. 동생과 거실에서 만화 영화를 보면서 부엌에 있는 엄마의 인기척을 느꼈다. 날이 어둑해지기 시작하면 집안 가득 맛있는 냄새가 났다. 이를테면, 갓 튀긴 돈가스와 짭짤한 소스, 하얀 쌀밥, 카레와 라면, 김치찌개 같은. 당연한 척했지만 당연하지 않은 시절이었다. 엄마가 가장이 된 후 부엌은 어둡고 차가운 공간이 되었다. 불 꺼진 부엌을 보면 찝찝함이 시커멓게 몰려왔다. 싱크대 밑에 사는 귀뚜라미나 바퀴벌레가 스멀스멀 기어 나올 것 같다. 다시 눈을 감았다. 이대로 하루를 내려놓고 싶었다. 산더미 같은 빨래는 조금 더 미루기로 했다.

한밤중에 겨우 정신이 들었다. 빨래 바구니를 끌고 나와보니 비가 그쳤고 선선한 공기가 느껴졌다. 세탁방 의자에 앉아 일주일 치 얼룩이 하얀 거품 속에 사라지는 모습을 바라보았다. 깨끗해진 옷을 탈탈 털어 챙기고 나니 기분도 한결 가볍다. 생활비를 메꾸려면 그림이라도 팔아야 했지만, 오늘만 생각하며 성급하게 해결하고 싶지 않았다. 그 미련함이 그림을 지켜냈다. 힘들고 불편한 생활도 잠깐일 거라고, 곧 지나갈 거라고 믿었다. 옷깃에 붙어 떨어지지 않는 물감도 그런 흔적이었다. 묻으면 묻은 대로 개어 서랍에 넣어두었다. 나도, 그림도 남아야 하는 운명이라며 서로를 붙잡고 있다. 둘 사이의 실밥이 뜯기지 않길 바랐다.

상처받지 않기 위해 사는 사람들이 많아진다. 그들은 자신의 흉터를 가리고 있다. 그런 자신의 선택을 정답처럼 맹신한다. 하지만 흠집은 사랑의 이유가 되기도 한다. 나는 흠집을 속이지 않는 사람이 되고 싶다. 아픈 게 겁날지라도, 싸워야 할 때 피하지 않는 사람이 되고 싶다. 어떻게 살아내는지가 얼마나 그릴 수 있는지를 결정하니까. 이 사실을 깨달은 후로 둔해지지 않으려 노력한다. 물론 세심해질수록 예민해지고 상처받기 쉬운 쪽이 된다. 그림은 못난 얼룩을 고스란히 받아들인 시간의 완성작이다. 잘 상처받는 방법을 가르쳐준다. 그리다 보면 공백과 무대를 구분하는 눈이 생긴다. 흉터와 흠집과 얼룩을 보기 좋게 정형화하는 판단도 선다. 지금 나는 그런 흔적들을 모아 무대를 채우고 있다. 단순해지기는 아직 이르다. 비움의 미학을 깨닫기 전까지 계속해서 채울 뿐이다. 먼 훗날에는 냉정한 운명에 개의치 않는 사람이 되어있을까. 의연함이 지긋이 자라 주길 바란다.

한 점의 레시피

반려견 호두를 만난 후 자연스럽게 날씨에 민감해졌다. 매일 하루 두 번의 산책 덕에 계절이 문턱을 넘는 날을 짐작할 수 있게 되었다. 반려 생활은 삶에 생기를 만들어 주었다. 해가 길어지면 새벽 산책을, 밤이 길어지면 오후 산책을 즐겼다. 여우비나 우박이 내리면 나무 아래로 달려가 숨을 돌렸다. 우리가 걸은 만큼 운동화와 목줄이 부지런히 닳고 있다. 밤새 작업한 다음 날도 산책으로 지친 몸을 풀었다.

큰 작업이 끝나면 호두가 꼭 투정을 부린다. 뒤꿈치를 졸졸 따라다니지 않고 이불 속에서 코를 파묻고 있다. 많이 기다렸구나. 미안해. 쓰다듬을 때마다 새까만 두 눈이 끔뻑거린다. 창문을 열면서 느긋한 하루를 계획한다. 아침을 준비할 때야 호두의 발소리가 들린다. 맛있는 냄새에 마음이 풀렸는지 꼬리를 흔들어 준다. 이불을 털어보니 평소보다 털이 많이 날린다. 털갈이 시기가 왔구나. 서둘러 나갈 준비를 했다.

처서가 지났건만 볕은 아직 뜨겁다. 조금만 서 있어도 목덜미가 달아오른다. 그늘진 벤치에 앉아 호두의 털을 빗겨주었다. 죽은 털을 한 움큼 빗어내자 한결 홀가분해 보인다. 일찍 낮잠이 든 호두 옆에 선풍기를 켜주었다. 잠시 눈을 붙이고 싶지만, 책상 앞에 앉았다. 쌓여있는 손 편지와 소포가 쌓여있었다. 모두 한여름에 부치려 했지만, 그동안 엄두가 나지 않았다. 보통 때와 달리 마음이 뜨거워지면 시간을 가진다. 성급해 보이지 않도록 일부러 더 망설인다. 편지의 맨 아래마다 '여름과 가을 사이에서'라고 썼다. 알맞게 식어 보였다.

포장을 마친 나에게 잘해줄 시간이 왔다. 닭가슴살을 꺼내 깍둑깍둑 썬 후 삶은 메밀면 옆에 담았다. 그 위에 샐러드용 채소를 듬뿍 올리고 간장 소스를 두 바퀴 휙 휙 뿌렸다. 쫄깃하고 아삭한 식사가 헛헛하던 마음을 기분 좋게 채워주었다. 시계를 보니 곧 우체국 업무가 끝날 시간이다. 상자들을 안고 뛰어갔다. 콧등에 땀이 맺혔다. 택배를 부치고 노노카페*에 들렀다. 3천 원짜리 오곡 라테를 덜 달게 주문했다. 이곳에는 두

---

*화성시에서 어르신 일자리 창출을 위해 실버 바리스타를 고용하여 운영하는 카페.

분의 어르신 바리스타가 있다. 한 분은 그래도 달아야 맛있다며 달콤한 라테를 만들어 준다. 다른 한 분은 설탕을 빼고 우유를 더 넣은 고소한 라테를 만들어 준다. 오늘은 고소한 레시피의 바리스타가 있는 날이다. 목을 축이면서 느리게 걸었다. 하루가 저물고 있다. 잠들기 전까지 얼마나 그릴 수 있을지 가늠해 본다.

어제까지도 그림만 붙잡고 있는 스스로가 한심하게 느껴졌다. 버틴 만큼 새로운 길이 생겼지만, 힘들면 포기해도 된다는 자기 위로도 늘었다. 그래도 그렸다. 사람마다 자신을 유일하게 만들어 주는 도구가 있다. 오곡 라테 한 잔에도 한 사람의 뜻이 담겨있듯, 그림은 내가 보고 겪은 사랑을 나만의 방식으로 전할 수 있는 유일한 레시피였다. 그림은 우리를 무던히 연결 짓는다. 서로의 경험을 매듭짓는다. 작은 연결은 조금씩 확장하며 세상으로 나아간다. 이제는 멈추지 않는 꿈을 꾼다. 그리는 날이 모자라지 않으면 좋겠다. 그릴 수 있다는 사실만으로도 삶에 많은 변화가 일어났다. 마음껏 그리는 날이 올 때까지 달게, 때로는 고소하게 살아가야겠다.

산책

새벽에 완성한 그림이 첫 아침을 맞이하고 있다. 자연광에 비추어지는 붓 자국을 구석구석 살펴보았다. 전등을 밝히지 않아도 시야가 선명해지는 이 순간이 좋다. 그림은 조용히 길어지는 햇살 속에서 점점 제 색을 드러낼 것이다. 겉옷을 대충 걸치고 신발을 신었다. 그동안 얼마나 많은 나무 그늘에서 숨을 골랐던가. 벤치에 앉아 고개와 허리를 넘기면 초록 그늘이 얼굴을 감싼다. 지나가는 구름 사이로 반짝임이 몸에 와닿는다. 사각거리는 바람 소리를 들으면서 눈을 감는다. 헉헉대던 호두도 풀밭에 엎드린다. 앞발을 포개고 그 위로 턱을 괸다. 그렇게 늘어지는 두 개의 숨이 살아있음을 만끽한다.

쉬는 날이면 아이들을 불러 모아 책을 읽었다. 나무 그늘에 모여 그림을 그리거나 글을 쓰기도 했다. 공원을 누비며 바람을 쐬다가 김밥을 나눠 먹기도 했다. 말랑한 얼굴들은 잎사귀 같다. 책상 앞에 앉아 있을 때보다 풀밭에 서 있을 때 훨씬 밝고 활기차 보였다. 아이들과 무해한 시간을 보낼 때면 지금 여기를 천국으로 맞이하게 된다. 삶은 언제나 뜻대로 되지 않지만, 함부로 찡그리지 않게 된다. 좁은 슬픔 앞에서 묵언의 위로와 약속을 지킬 수 있게 된다. 행복은 늘 나아가는 자의 곁에 있다. 어제는 그늘에 있었다면 오늘은 볕으로 옮겨가는 것이 삶이다. 그 경계를 성큼 넘어가지 못하고 주저앉는 것 또한 삶이다. 온종일 그리다 보면 손목에 힘을 빠진다. 매가리 잃은 붓의 운명은 각을 기억하는 손끝에 달려있다. 손끝에서 시선이 달아나면 다 된 그림에 붓 길이 센다. 심한 날에는 붓을 놓쳐 바닥에 물감 난리를 친다. 그래도 나아가야 한다. 작은 일에 휩쓸리면 다음 걸음을 뺏긴다. 어질러진 물감을 닦고 다시 그리면서 조금은 나아질 다음을 믿었다.

　가볍게 웃어넘긴 날들이 마냥 상쾌하지는 않다. 언제부턴가 지나치게 행복하다고 느낄 때 난데없이 눈물이 나는데, 그 찝찝함을 억지로 웃으며 묻어버리기도 했다. 슬픈 영화를 봐도 전처럼 눈물샘을 쥐어짜지 않았다. 고장이 난 걸까. 투정 부리고 싶지 않은 고집이 어디까지 뻗친 건지. 달그락거리는 마음을 애써 잊고 집을 나섰다. 전철역 입구에 서서 한 사람을 기다렸다. 아빠, 라고 부르고 싶은 어른을 이곳에서 만나기로 했다. 인파 속에서 웃으며 다가오는 저 사람이 당신이다. 그의 손을 꼭 잡았다. 작고 차가운 손이 부끄럽지 않도록 더 꽉 잡아준다. 나의 세상에도 이런 사랑이 있다니. 고장난 마음을 싸맨 매듭들이 스르르 풀렸다.

일정을 마치고 당신과 저녁을 먹기로 했다. 미나리와 고기가 듬뿍 들어간 샤부샤부 집으로 갔다. 숨 죽은 채소를 뒤집으면서 근황 이야기를 나누는데 자꾸만 눈이 시렸다. 하지만 소중한 사람의 하루를 망치고 싶지 않았다. 계절, 책, 가족, 사람 등 주제 없이 담소를 나누다가 좋아하는 노래 이야기가 나왔다. 당신이 좋아하는 노래에는 추억이 있다며 한 소절 불러주었다. 엄마 일 가는 길에 하얀 찔레꽃, 하얀 잎은 맛도 좋지, 배고픈 날 하나씩 따 먹었다오. 아린 노랫말 때문이었을까. 식당을 나오자마자 한참을 울었다. 우는 딸내미의 손을 꼭 잡아주는 아버지 마음을 몰래 그리워하다 잠들 거란 사실을 알아채고 말았다.

실컷 우는 날이 많았다. 그러면 실컷 웃는 날도 왔다. 붓질이 막히면 밖으로 나가 걸었다. 보고 싶은 얼굴을 헤아리면 울

고 싶어졌다. 그들에게 전화기 너머로 태연한 척 안부를 물었
다. 반가운 음성으로 어깨를 짓누르던 외로움을 씻었다. 걸음
을 늦추며 그들의 이야기를 음미했다. 혼자 걸을 때마다 수없
이 되새겼다. 그리운 것들은 모두 눈앞에 아른거린다. 그동안
지금까지 쫓아온 형태는 전부 그리움일지도 모른다. 복날의
더위가 가을까지 이어졌다. 불볕더위를 지겨운 척했지만, 사
실은 반가웠다. 완성하지 못하고 속수무책 헤매기만 하던 그
림 하나가 나를 막고 있었다. 당신에게 전화를 걸었던 날, 반년
동안 질질 끌었던 그 그림을 완성했다. 사랑한다는 말 한마디
가 뇌리에 박혀 붓이 부서질 듯 쥐고 그렸다. 그린 것 중 밀도
가 가장 높은 바다숲이었다.

2.

포옹

그해 우리는 많이도 슬펐다.
그리고 사랑했다. 그것은 복이었다.

원을 그리는 아이

아이는 원을 그리고 있다
저 아이의 관자놀이는
젊은 여자의 미움이 내리 꽂혀있다

아빠가 눈앞에서 집을 나갈 때도
처음 보는 아저씨에게 애비 대접을 할 때도
술 취한 남자가 어린 젖가슴을 건드릴 때도
트럭에서 내린 남자가 바지 속의 것을 쥐게 할 때도
아이는 원을 그렸다

말하기와 먹기
이외의 짓거리를 하는 주둥아리들
닦을수록 더러운 그 주둥아리들 앞에
끄덕일 수밖에 없던 아이는
둥글게 기도했다

용서해 주세요
맞지 않게 해주세요

벗지 않게 해주세요
말하지 않게 해주세요

자궁벽을 뜯어야 한다던 자궁 없는 의사도
귀를 닫고 평화를 외치는 저항 시인도
아이를 고칠 수 없었다

아홉 열 열둘
열다섯 스물
아이의 고개가 서서히 멈추었다

아가, 세상은 원이다
점도 직선도 곡선도 아닌 원이다

아이가 맨손으로 원을 그린다

용서를
운명을
그날의 초상을
크게 둥글게 그린다

생존자*

「팔복(八福)」*

슬퍼하는 자는 복이 있나니
슬퍼하는 자는 복이 있나니
슬퍼하는 자는 복이 있나니
슬퍼하는 자는 복이 있나니
슬퍼하는 자는 복이 있나니
슬퍼하는 자는 복이 있나니
슬퍼하는 자는 복이 있나니
슬퍼하는 자는 복이 있나니

저희가 영원히 슬플 것이요.

---

*윤동주, 마태복음 5장 3-12절…. 1940.

슬퍼하는 자는 복이 있나니. 코로나19 바이러스가 세상을 삼킨 해였다. 우리가 얻어맞은 타격은 심각했다. 누군가가 안도할 때 누군가는 잔인하게 슬펐다. 일정보다 한 달 늦은 개학을 했고, 아이들은 절반씩 번갈아 가며 등교했다. 전쟁터 같은 나날이었다. 그저 평범하게 살고 싶은 욕심이 이렇게나 괴로운 걸까. 수수한 남자를 만나서 사랑했으나, 아주 진실로 사랑할 수 없었다. 빈 교실의 창밖을 보며 많이 울었다. 나에게 사랑이란 가는 체로 고운 시간만 가려내는 일이었다. 원하는 대로 살고 싶다면 예쁜 운명만 걸러내 보렴. 사랑을 끌어안을 때마다 무의식이 비웃으며 경고했다. 나도 나를 사랑할 자신이 없었다.

빌라 공사장 앞을 지나면 아직도 숨이 막힌다. 심장이 터질 듯이 뛰면서 현기증이 난다. 마르지 않은 시멘트 냄새가 그 기억을 건드린다. 잔뜩 쌓여있는 철근과 창문이 되길 기다리며 뚫려있는 자리. 저 안은 축축하고 퀴퀴했다. 나는 겨우 초등학생이었다. 동생과 놀이터에서 그네를 타고 있었다. 골목으로 들어온 트럭이 놀이터로 다가왔다. 운전석의 젊은 아저씨는 창문을 내리며 나를 불렀다. 큰길로 나가려면 어디로 가야 하니. 그는 이 동네를 잘 모른다고 했다. 손가락으로 가리키며, 저기로 가면 된다고 말했다. 어디로 가라고? 잘 모르겠는데. 나는 그를 돕기 위해 큰길을 향해 천천히 걸어갔다. 트럭은 나를 뒤따라왔다. 그러나 어느 순간부터 큰길로 이어지는 모퉁이까지 나를 따라오듯 유인했다. 나는 어느새 동생을 두고 온 놀이터에서 아주 벗어났다. 여기예요. 여기서 꺾으면 큰길이에요. 아, 고맙다. 고마우니까 이거 받아라. 트럭이 공사 중인 건물 앞에 멈췄다. 운전석에서 내린 그는 조끼 주머니에서 만 원짜리 지폐 한 장을 꺼냈다. 괜찮아요. 고마워서 그러니 걱정하지 말고, 받아라. 두 손을 내미는 순간, 그가 나의 허리를 낚아챘다. 나는 맥없이 빈 건물 안으로 끌려갔다. 그리고 차가운 시멘트 바닥에 내동댕이쳐졌다. 남자의 오른손에는 쇠 파이프가 들려 있었다. 바지를 발목까지 풀어 내린 채 이상한 말을 쏟아내며 소리를 질렀다. 싫어. 나는 목이 찢어질 만큼 크게 소리를 질렀다. 싫다고.

그날 이후 오랫동안 일기를 쓰지 않았다. 글로 쓰는 것이 무서웠다. 아주 가끔 그날 본 것들을 그렸다. 연습장에 그렸다가 울면서 덮어버린 그 그림 속에 숨어지냈다. 그 그림을 누가 볼까 봐 잘게 찢어서 가방 안에 넣었다. 그리고 학교 분리수거장으로 뛰어갔다. 손톱보다 잘게 쪼개진 그날의 기억을 남김없이 쓰레기통에 던져버렸다. 내 손으로 버린 기억이 몽땅 썩어서 흔적도 없이 사라지길 바랐다.

잔인했던 그해에 나를 닮은 아이를 만났다. 눈망울도 미소도 맑고 예뻤다. 똘똘하고 책임감이 강해 주변과 구석을 잘 챙겼다. 학생회장 후보로 그 아이의 이름이 자주 들렸다. 춘추복에서 하복으로 바뀌고 이마에 땀이 송골송골 맺히는 시기가 되었다. 그 아이는 여전히 소매가 긴 옷만 입고 다녔다. 에어컨 바람이 좀 세니? 아…. 네. 손목을 감추며 살짝 웃는 아이의 얼굴을 응시했다. 학교가 너무 멀지? 힘들진 않아? 괜찮아요. 멀어서 좋아요. 버스 타는 거 좋아해요. 나의 시선을 피하느라 바쁜 큰 눈망울이 요동치고 있었다.

그날 저녁 아이의 어머니에게 연락했다. 어릴 때부터 손목이 약하다고 했다. 전화를 끊고 한참 생각에 잠겼다. 감사합니다, 감사합니다. 다섯 글자로 된 어머니의 인사는 말버릇일 뿐, 모든 게 힘겨운 목소리였다. 며칠 후 아이의 손목에 붕대가 감겨있었다. 잊고 싶은 나의 기억이 선명해지는 것을 느꼈다. 아이에게 다가가 소매를 고쳐주는 척 손등까지 당겨 덮어주었다. 아이가 조용히 나를 올려다보았다. 저 눈망울을 오래 보고 싶다. 갈기갈기 찢어 쓰레기통 안으로 던진 장면이 있니. 건져와 말끔히 씻어주고 닦아주고 싶었다.

외할아버지는 대학생이 된 손녀에게 낡은 서류봉투를 건

넸다. 어렸을 때 내가 부쳤던 편지 꾸러미였다. 편지에는 전에 없던 빨간 밑줄이 그어져 있다. 외할아버지가 그은 밑줄마다 어린 날의 슬픔이 그대로 누워있다. 그중 유독 쓸쓸한 문장 하나가 보인다. 버스를 타고 집으로 갈 때마다 몰래 기도해요. 버스가 저를 아주 멀리 데려가 주면 좋겠다고.

그해 우리는 많이도 슬펐다. 그리고 사랑했다. 그것은 복이었다.

고향

이화 나무가 하얗게 열린 봄이다. 고향을 기억하는 계절은 늘 포근하다. 연탄으로 데우던 아랫목. 따닥따닥 불꽃을 튀기던 아궁이. 뚜껑을 열면 수증기가 펄펄 날리던 가마솥. 그 집에 사는 사람들은 모두 부지런했다. 소박하고 알뜰했다. 누구든지 부엌에서는 감자와 양파를 까고 마루에서는 콩나물 대가리를 땄다. 빗자루로 마당을 쓸고 똥개 방울이에게 밥을 줬다.

그 집에 아이가 하나 더 있다고 불평하는 사람은 없었다. 외할머니는 발로 미싱을 돌려 작은 잠옷을 만들었다. 이모들은 구정물을 비운 큰 양동이 속에 아이를 앉혀 목욕을 시켰고 머리를 말려 양 갈래로 땋아 줬다. 아이가 사고를 치면 돌아가면서 혼을 냈기도 했다. 양은 주전자에 입을 대고 마시면 엉덩이를 때렸다. 방에서 뛰어다니면 요강을 깬다고 마루에서 손을 들고 서 있게 했다. 내리막길에서 달리다가 무르팍을 깨면 눈물이 쏙 들어갈 만큼 야단을 쳤다. 하지만 전부 사랑이라는 것을 알았다. 그들이 나에게 보여준 빛은 쉽게 흉내 낼 수 없었다.

삼대가 함께 나고 자란 외갓집은 흔적도 없이 사라졌다. 우리가 누워 자던 방은 허물어졌고 그 위로 반듯한 도로가 생겼다. 나는 초등학교 입학을 앞두고 고향을 떠났다. 엄마, 아빠, 동생이 사는 집으로 왔다. 그때부터 우리 집, 가족이라는 단어가 오랫동안 낯설었다. 엄마는 내가 촌스럽게 굴 때마다 할아버지, 할머니를 탓했다. 너무 잘못 가르쳤다고 매를 들었다. 몸을 못 가눌 정도로 때렸지만 그렇게 잘못한 적은 없었다. 콕 집을 순 없지만, 그녀의 폭력은 오래된 서운함과 공허함일지도 모른다.

할머니는 다 큰 손녀를 여전히 사랑으로 부른다. 그 부름을 부적처럼 보물처럼 여겼다. 삶이 팍팍할 때마다 할머니의 잔치국수와 간장 계란밥, 숭늉을 떠올렸다. 그 밥상은 한 끼 헛헛함만을 위로하는 것이 아니었다. 어른이 될수록 고향에서의 기억은 선명해졌다. 그 기억이 지금을 위로하는 유일한 힘이 되기도 했다. 어느 날부터 엄마는 미안하다는 말을 자주 했다. 미안하지만 어쩔 수 없었다는 말도 자주 했다. 그런 그녀를 이해하는 일은 더욱 어렵다. 그녀는 종종 반대로 말하기도 했으니까. 다 지나간 일이잖아. 괜찮아요. 엄마를 위로하면 나를 용서하는 것만 같다. 말하지 못한 서운함도, 어제의 공허함도 덜어지는 것 같다.

언니는 다음 생에 꼭 부잣집 딸내미로 태어나. 그래서 하고 싶은 공부도 그림도 실컷 하면 좋겠어. 동생은 지나가듯이 하는 말로 우리를 위로한다. 너는, 너는 오죽할까. 학교에서 바보, 벙어리 소리를 들어도 자는 척만 하던 너를 생각하면 마음이 저린다. 내가 아닌 네가 외갓집으로 보내졌다면 우리는 어떻게 됐을까, 그곳이 부잣집은 아니라도 너의 고향이 되었다면 어땠을까 싶었다. 네가 씩씩한 척하지 않아도 되는 날이 많아졌을까. 나보다 더 사랑받았을 네가 있기에 차라리 용서하는 사람이 된다. 사랑하는 만큼 서운함을 감추는 방법이 완벽해진다.

힘 빼기

서점에 출근하자마자 점장님이 사무실로 불렀다. 이틀 연속
실수를 했다. 신입의 실수라며 가벼이 넘기길 정도가 아니었
다. 쭈글쭈글한 심정으로 사무실에 앉았다. 소담 씨, 일은 어때
요. 점장님은 아무 일 없다는 듯이 물었다. 알고 보니 입사한
지 딱 한 달째로 정기 면담이 있는 날이었다. 마음이 놓였다.
이런저런 이야기를 가볍게 나눴다. 물론 상대는 나의 실수를
직접 언급하지 않았을 뿐 모르지 않았다. 면담이 마무리될 때
였다. 점장님의 흔들림 없는 어투가 조심스러워지는 것을 느
꼈다. 한마디만 더 해도 될까요? 소담 씨는 좋은 타자예요. 타
석에 서면 관중들이 기대를 많이 할 거예요. 그러니 지금보다
는 힘을 조금만 빼면 좋겠어요.

힘을 빼라는 말을 듣자마자 허리가 펴졌다. 뭔가를 잊으려고
이를 악물고 일한 게 들통났다. 엊그제는 잘 잤고, 어제는 잘
못 잤다. 온라인 쇼핑몰에서 본 천연 수면유도제를 다시 검색
해 봤다. 거짓으로 위장된 후기와 광고를 넘겨보다가 닫아버
렸다. 개업한 가게 앞에 키 큰 풍선이 나부끼고 있다. 힘도 적
당히 빼야 한다. 온몸에 힘을 빼면 저 풍선처럼 우스워질지도
모른다. 작은 일이 의미를 잃고 세상의 웃음거리가 될 때 마음
이 추워졌다. 적당히 사랑하고 적당히 살아가는 사람이 이 세
상 어디에 정말 나타났을까 봐 겁이 난다. 맞는 말이라는 단어
로 의미를 지우고 속 편해하는 주위의 모습들이 공격적으로
느껴졌다. '적당하게'가 아니라 '확실하게' 사랑해야 하지 않을
까. 반박하고 싶지만 그랬다가 본전도 못 찾을 게 뻔하다. 만루
홈런은 당연하고 헛스윙만 하는 타자라는 사실이 들통나기 싫
어서 뒤로, 또 뒤로 물러나기에 바빴다. 그림을 그리지 않는 날
이 많아질수록 내가 누구인지 말하는 게 자신이 없어졌다.

어쩌면 타자보다 다른 포지션을 원했다. 어렸을 때부터 주
인공 역할은 피했다. 반장보다 부반장 선거에만 욕심을 냈다.
영화를 봐도 주인공보다 악역에게 더 마음이 갔다. 주연 배우
가 빛나는 작품에는 언제나 완벽한 조연 배우들이 존재한다.
그런 내가 타자라니. 경기를 보면 기대만큼 좋은 성적을 못 내

서 더 응원하게 되는 선수도 있다. 나는 그런 선수를 끝까지 응원하는 진득한 관중이 되고 싶었다. 하지만 인생을 원하는 목적지로 보내는 방법은 스스로 타자가 되는 것이다. 알면서도 자꾸 회피하고 있었을지도 모른다. 그러느라 쓸데없이 잔뜩 힘을 주고 있었다.

입사한 후부터 내내 긴장을 놓지 못했다. 지나치게 긴장하니 내장의 융털들까지 뻣뻣하게 굳은 것 같다. 조금만 먹어도 쉽게 탈이 났고 자주 토해냈다. 음식도 일도 소화하는 힘이 필요하다. 그 힘을 만들려면 충분한 시간이 필요하다. 그러니 힘을 나눠 쓰는 지혜가 얼마나 중요한가. 그날부터 나를 레벨 일짜리 캐릭터라고 생각했다. 시작부터 첫 장애물을 넘기지 못하겠지만 다시 시작하는 버튼이 있다고 생각했다. 퇴근 시간 정각에 맞춰 컴퓨터를 끄고 자전거 페달을 힘껏 밟아 집에 도착하면 지쳐 쓰러지는 게 일상이었다. 바보 같은 습관을 하나씩 내려놓았다. 그 힘으로 한적한 거리를 천천히 걸어서 퇴근했다. 의미 없이 주고받은 인사말을 곱씹지 않았다. 가볍게, 가볍게 다음 단계로 넘어갔다.

꿈

고요가 창을 두드린다.
계절의 문이 닫히는 소리다.

새로 자란 나뭇잎이 조용히 내려앉자
거북이 한 마리가 유유히 내게 안긴다.
빨간 사과나무 한 그루가 다 자랄 때까지 너는 가볍다.

대신 아프게 해달라는 기도로 살아난 밤
도망친 곳끼리 동그랗게 이마받이 하는 밤
빗살무늬 시간 그사이에 숨어 울고 나니
네가 깨어난 날이 가까워졌다.

물 묻은 옷자락
작은 품
붓이 춤추던 정적
초를 태우는 방
너울 없는 개울

어디라도 좋으니
마음껏 뛰놀다 가거라.

오래 새기기

자전거를 타고 신호를 기다리는 중이었다. 한 꼬마가 비장하게 달려왔다. 자전거 앞바퀴를 가로막고 섰다. 초록불이 되자 꼬마는 나를 돌아본다. 그러더니 건너편으로 전력 질주를 했다. 뭐 하는 거지? 의아해하며 꼬마를 피해 갔다. 자전거가 공원에 들어설 때 속도를 줄였다. 그때 뒤에서 타박타박 발소리가 들렸다. 돌아보니 꼬마가 죽을힘을 다해 뛰어오고 있었다. 달리기 시합이라도 하자는 건가? 저러다 넘어질라. 페달에서 발을 내리고 기다렸다. 꼬마는 웃으면서 나를 지나갔다. 분수대를 지나 놀이터로 달려가는 뒷모습을 보다 다시 자전거를 굴렸다.

 일하는 내내 그 꼬마가 떠올랐다. 베스트셀러 서가의 책을 원래 자리로 옮기면서도 물음을 던졌다. 휴게 공간의 사람들은 움직이지 않았다. 나만 혼자 분주했다. 책을 분류하고 포장하면서 동시에 서른 명의 독자에게 책을 팔았다. 그동안에도 그들은 고개 각도와 손 위치만 살짝 고쳤을 뿐 책 읽기에 빠져 있었다. 에스컬레이터 옆 벤치에서 앉은 할아버지와 손녀도 두 시간째 뭔가에 몰두하고 있다. 장난감 집을 꾸미는 중이었다. 사람들은 시간을 잊은 듯이 힘을 빼고 있었다. 모두 깊은숨을 쉬고 있었다. 달리던 꼬마도 지금쯤은 멈춰서서 숨을 고르고 있으려나.

　날이 저물자, 사람들은 각자 집으로 돌아갔다. 모두가 잠든 시간에 젖은 종이처럼 펄럭이며 퇴근했다. 자전거를 세워놓고 걸어보았다. 덧칠 중인 그림을 완성하지 못한 채 일주일이 흘렀다. 뭐, 어때. 완성을 쫓으려고 시작한 일이 아니다. 답을 찾지 못해도 나는 늘 그리는 사람이었다. 벽에 세워둔 이젤을 펼쳐서 다른 그림을 올렸다. 미완성의 그림은 힘을 길러서 다시 시도해 보기로 했다. 출근길에 만난 꼬마처럼 빨리 달리는 게 목표가 될 수도 있지만, 지금은 숨이 찰 만큼 달릴 필요도 없다. 맨 뒤에서 천천히 걸어도 괜찮다. 숨이 차지 않고도 언젠가는 새로운 목적지에 닿을 테니까.

당신에게는 너무 늦었지만, 그래서 일부러 멀리 돌아 걷던 날이 있다. 당신은 이미 떠났지만, 나는 기다림이 긴 사람이다. 느린 만큼 오래 새기는 사람이다. 한 영화를 오래 본 날, 한 음식을 오래 먹은 날, 한 사람을 오래 생각하느라 늦은 날이 있다. 한 장면을 오래 그리고 있다가 문득 깨달았다. 붓질이 길어진다면 사랑이 아직 남았다는 뜻이다. 그림 속의 얼굴을 더 오랫동안, 정말 원 없이 사랑하고 싶다는 뜻이다.

나무

나무와 나무 사이에 산다. 감나무와 소나무, 개나리와 산수유, 살구와 모과, 매화와 겹벚꽃, 참나무와 자작나무가 팔을 벌린 간격이 사람의 자리다. 계절을 바꾸는 나무를 보려고 멀리 나가보기도 한다. 가지와 잎사귀가 흔들며 고양이의 낮잠을 가려주는 그들의 품에 뛰어들어 보기도 한다. 개울가를 지키는 나무를 볼 때마다 마음이 놓였다. 그대로 서 있기 위해 뿌리의 갈래를 더 작은 갈래로 나누며 파고들었을 것이다. 그것을 상상하면 발가락에 힘이 들어간다. 해가 뜨고 질 때 서서히 데워지고 서서히 식는 흙의 성실함에 고마워진다. 까치나 뱁새의 기척을 놓치지 않고 둘러본다. 그들은 나무 그늘에서 집을 짓고 있다.

나무를 보기 위해 집을 나서는 사람들은 안다. 사치스럽지 않은 자연의 풍요와 공존하는 생은 축복이다. 생과 함께 그칠 줄 모르는 사랑이야말로 자연스럽고 당연한 것이다. 그립다고 말하기만 해도 위로가 되듯이, 가까운 나무를 알기만 해도 매일 안도할 수 있다. 내가 그린 나무는 당신들이다. 어떤 날은 사랑하고 싶은 만큼, 어떤 날은 사랑할 수 있을 때까지 허리를 그린다. 배경은 '우리'가 되려는 직선의 자리다. 채웠다가 지웠다가 되살리기를 반복하다 보면 고슬고슬하게 채워진다. 그림은 영리하다. 예리한 붓질 너머에 정답을 앉힌다. 그러니 선과 색에 시선을 빼앗기지 않아야 한다. 언제나 실전처럼 집착하지 않고 멈추는 연습을 해야 한다. 이끌리지 않거나 미련이 사그라지면 괜찮은 그림이 된다. 본래 창작도 마음처럼 파고들수록 까다롭고 복잡하다. 부정적 감정을 해소하기나 긍정적 경험을 추억하기로 접근한다면 일차적인 창작에 그치고 만다. 창작자가 성실하게 의미를 품을수록 삶을 정화해 주는 결과물이 나온다. 푸르면서 따뜻하고, 올곧으면서 유연한 나무 같은 태도로 말이다.

 한 그루로 초상화를 그릴 수도 있다. 키가 큰 그녀는 내게 붉은 자귀나무였다. 우리는 처음 학교에서 만났다. 적막과 소란이 공존하는 시간을 함께 겪었고 교문 밖을 자주 나섰다. 원격 수업이 시작되었는데도 접속하지 않는 아이를 만나러 갔다. 가정방문이라고 불리는 일이었지만, 현관문 앞에 서서 몇 마디만 하고 온 게 전부였다. 이를테면, 선생님 왔다 간다! 하고 돌아서면 작은방에 불이 켜졌다. 맞벌이 가정이나 한 부모 가정의 아이들은 혼자 있었다. 혼자라는 단어는 결핍을 뜻하기도 한다. 그녀는 강한 사람이었다. 누군가의 결핍을 어쩔 수 없는 일처럼 여기지 않았다. 그녀에게 잠들어야 할 소란을 적막하게 대하는 방법과 깨어나야 할 적막을 소란으로 대하는 방법을 동시에 배웠다.

우리는 산을 좋아했다. 조용히 흙길을 걸으며 속 얘기를 들어주었다. 그녀는 정이 많은 사람이었다. 같은 고향 사람에다 대학교 선배여서 그런지 입맛이 비슷했다. 피자와 파스타보다 생선구이, 감자옹심이를 찾아다녔다. 오늘 우리 더 촌사람답게 먹을까? 하며 간판 없는 식당에 가기도 했다. 촌닭으로 푹 끓인 닭볶음탕만 파는 집이었다. 커다란 살코기만 골라 젊은 사람들의 앞접시에 담아주던 그녀도, 그 모습을 바라보며 반찬 그릇을 그녀 쪽으로 밀던 나도 마음의 준비를 하고 있었다. 우리는 천천히 헤어지는 중이었다.

그녀가 인도로 떠난 해에 나도 학교 일을 쉬었다. 함께 오르던 산까지 혼자 걸어가 보았다. 서리를 맞은 낙엽은 피해 걸으라던 그녀의 목소리가 그리웠다. 언덕에서 자귀나무 한 그루와 마주쳤다. 전에는 몰랐는데. 며칠 동안 그 나무 생각만 했다. 불볕더위가 극성일수록 마음이 시렸다. 가지 끝에 연붉은 꽃을 그려서 인도로 보냈다. 그러고 나니 조금은 살 것 같았다.

다시 돌아온 그녀와 어김없이 산에 올랐다. 점심 식사로 어김없이 감자옹심이를 시켰다. 열이 펄펄 나는 국물을 휘젓다가 그녀의 변함없는 웃음을 보니 기운이 났다. 그녀는 어느 한 구석이 변한 내가 좋다고 했다. 아무렴. 폭설에서 핀 그녀처럼 힘차게 웃어주었다. 여름에, 소란에, 적막에 지지 않기로 했다.

페리코레시스*

공황이 심해지고 있었다. 두 손을 가만히 두기도 힘들다. 이런 증상에까지 적응하고 있다는 사실도 괴로웠다. 밤에는 더 심했다. 경련이 오기 전부터 온몸이 근지러워 가만히 있을 수가 없다. 피부를 훌딱 벗겨 속을 박박 긁고 싶었다. 고요한 서점에 들어서면 더욱 숨이 막혔다. 시도 때도 없이 머리보다 몸이 앞서려는 충동에 시달렸다. 사람들 속에 서서 있는 힘껏 고함을 치고 싶었다. 못 그리는 날이 늘수록 스스로 심하게 타박했다. 그런 자책은 그림과 삶을 어둠 속으로 밀어 넣었다. 눈앞이 캄캄할수록 일어나라. 간절할 때는 기다리지만 말고, 몸부림이라도 쳐라. 할머니는 힘들고 막막해도 뭐든 해보라고 했다. 그러다 보면 울분이 터진다고 했다. 잠깐 서 있어도 납작하게 탈 것만 같은 더위가 이어졌다.

---

*그리스어 'peri((전치사)~주위에, 둘러싸여.)'와 'choreo((동사) 함께 움직이다, 함께 머무르다.)'가 결합한 용어. 기독교 신학에서 삼위일체를 설명하는 개념.

아이들을 공원으로 불렀다. 떡볶이와 빵, 마실 것을 사 들고 벤치에 둘러앉았다. 땀을 줄줄 흘리면서, 손으로 부채질하면서 한참 이야기를 나눴다. 주제는 다음에 쓰고 싶은 책이었다. 오년 전부터 시를 쓰고 시작한 아이는 열여덟이 되었다. 다음 봄에 낼 생각으로 새 원고를 쓰고 있었다. 동갑내기 아이는 요새 일기 쓰기도 버거워한다. 쓸 거리가 도무지 떠오르지 않고 어제의 일기가 오늘 것과 다를 게 없다며 넋두리했다. 어떤 이야기든 써보는 거지. 시시한 주제라도 좋아. 반려견 이야기를 한 번 써봐. 다들 한마디씩 거들며 응원했다. 말수가 가장 적은 아이는 열일곱이다. 시도 소설도 곧잘 쓰더니 작가가 되기로 했다고 말했다.

작가. 작가라고 부르는 기준은 모호해. 작가가 된다는 건 작가로서 산다는 뜻인 것 같아. 그러게. 그것은 지루할 수 없는 운명이다. 매일 책상에서 미완성의 이야기를 다듬고 서가에서 헌책을 정리하는 삶도 그런 운명이다. 시원하게 쓰러져도 징그럽게 일어서는 운명이 나를 나로 살게 한다. 오늘 아이들을 불러낸 것도 그 이유였다. 가만히 있다가 멈춰질까 봐 두려웠다. 포기하고 싶지 않았다.

아이들을 버스 정류장까지 배웅하고도 여유가 있었다. 서점에 일찍 도착해서 서가를 둘러보았다. 이것저것 펼쳐 봤지만, 읽을 만한 책은 없었다. 불안해서 한 글자도 눈에 박히지 않았다. 왜 살아야 하는지 아는 사람은 그 어떤 상황도 견딜 수 있다.** 사람들은 통로에 서 있는 나를 지나 한 권씩 집어 들었다. 책에 시선을 둔 사람들은 왜 살고 있는지 아는 얼굴이다. 나는 지금 작가로 살고 있을까. 기억나지 않는다. 왜 여기에 있는지 잊어버렸다. 마음이 지옥이 될 때까지 잊고 살았다. 잊으면 편해진다는 무책임한 말에 분노하다 그림을 그리기로 다짐했던 나였다. 더는 한심해지고 싶지 않았다.

퇴근하자마자 작업실로 들어갔다. 물통을 씻고 초를 켰다. 푸른색으로 물든 버드나무를 서슴없이 그렸다. 가지부터 밑동까지 온통 푸르게. 붓질은 자정까지 계속되었다. 조금만 더 푸르게. 조금만 더 고르게. 나무 주위에 손을 이어 잡고 춤을 추는 여인들을 그렸다. 울지 말라, 울지 말라. 견디고 견뎌라. 겪을수록 견고해지고 노련해진다. 일어나라, 일어나라. 주저앉아 우는 나를 향해 여인들의 노래가 계속되었다. 나무 위로 도망치듯 올라갔던 나는 서서히 땅으로 내려왔다. 뒤집어쓰고 있던 불안을 벗고 여인들 속에서 들어갔다. 자유로운 몸짓을 붓으로 옮겼다. 그 속에서 잠들지 않는 백야를 보았다.

**빅터 프랭클, 죽음의 수용소에서, 니체의 말을 인용.

복날

폭풍이 지나간 자리에 비가 내렸다. 어제는 그녀를 만나고 왔다. 그림을 잊은 그녀는 이제 아주 다른 사람이 되었다. 우는 그녀 앞에서 최대한 차분해 보여야 한다는 생각뿐이었다. 저는 잘 지내고 있어요. 복날이니 잘 챙겨 드세요. 집으로 돌아와 어제 저녁에 남겼던 김밥을 먹었다. 눅눅해진 김은 잘 씹히지도 않았다. 그래도 좋은 일이 있었다. 모바일 옥션 플랫폼에 낸 그림 한 점이 팔렸다. 오후에 그림을 포장해서 부쳤다. 희비가 엇갈리니 한숨만 길어진다. 괜히 큰길을 하나 더 건너가 보았다. 대기 줄이 길게 늘어진 식당이 있었다. 이 근처에 삼계탕집이 있었다는 사실을 처음 알았다. 소나기가 내릴 것 같다. 빠른 걸음으로, 사무실로 돌아왔다.

노트북을 열고 영상을 틀었다. –그대여, 아무 걱정 하지 말아요.– 언제 봐도 반가운 얼굴의 합창 무대였다. 무대 한중간에서 가장 씩씩하게 노래를 부르는 청년의 이름은 민재다. 우리는 본격적으로 예술 활동을 시작하면서 만나게 되었다. 반년 동안 그림책 작업을 함께 했다. 할아버지의 과수원을 배경으로 한 이야기였다. 내가 시를 쓰면 민재가 그림으로 옮겼다. 민재는 발달장애를 일찍 발견한 편이었다. 병원으로 가는 지하철 안에서 그림을 그리던 습관이 모여 작가의 삶으로 걸어가고 있었다.

안녕하세요, 박소담 선생님. 저는 민재예요. 저는 타요 타요를 좋아해요. 쿠키런도 좋아하고요. 특히 피스타치오 맛 쿠키는.... 민재의 인사말은 늘 좋았다. 발달장애가 있다고 소개하지 않는 부분이 특히 좋았다. 나란히 앉아 작업에 열중하는 시간도 좋았다. 붓을 떼면서 씩 웃는 민재의 순간이 좋았다. 그 순간을 볼 때마다 하루에 수십 번씩 삐져나오는 나의 핑계들이 부끄러워졌다. 안녕하세요, 저는 청년 작가 민재입니다. 안녕하세요, 저는 청년 예술가 박소담입니다. 우리의 책이 세상에 나오자, 우리의 인사말도 달려졌다. 세상도 조금은 달라졌을 거라고 믿었다.

민재를 만나지 않는 날에는 마음이 허전했다. 밥을 삼키기도 힘들었다. 밤마다 자원봉사 사이트를 뒤적거렸다. 다행히도 민재를 닮은 아이들을 만날 수 있는 곳은 많았다. 그렇게 발달 장애 아이들과 정기적으로 시간을 보냈다. 중증 장애가 있는 아이와는 손을 잡고 발맞춰 걸었다. 마트에 가서 장 보기, 거리의 쓰레기 줍기, 영화관에 가서 영화 관람하기 등 일상생활을 돕는 프로그램에 주로 함께했다. 경증 장애의 아이들은 뒤에서, 옆에서 지켜보았다. 도서관 가서 책 빌리기, 사진 찍고 글 짓기, 연주하기와 같이 주체적인 활동의 울타리가 되었다.

아이들과 보내는 시간을 봉사라고 부르기가 무색하다. 함께 울고 웃다 보면 부서진 마음이 새것처럼 반질반질해진다. 그 시간은 나를 도왔다. 아이들은 분명 세상을 곱게 빚는 존재다. 보고만 있어도 무심하게 살아내고 싶어진다. 열심히 공부해서 뭐 할 거야? 돈도 벌고 맛있는 것도 많이 사 먹을 거예요. 아이들의 꿈은 움츠린 나를 펼쳐주었다. 보고 싶었다며 안기는 아이들이 곁에 있어서 닳지 않은 사랑을 머금고 살 수 있었다.

이음새

우리는 하나였다가 서로가 서로에게 뚝 떨어졌다. 맞춰지면 모양이 되었다가 부서지면 조각이 되었다. 헤어진 모양을 남겨두고 마모된 표정을 지었다. 우리는 그러다 한눈에 알아보았다. 서로를 쓰다듬으면서 말했다. 멀어진 순간은 없었다. 이음새를 포개었다. 다시는 나눠지지 않도록. 기다림이 우리를 기다리지 못하도록.

   하나 비가 내리면 시간이 많은 사람처럼 제자리에서 몸을 떨었다. 작은 눈물자리를 털고 지나가는 아픔의 옷자락을 앉혔다. 너는 이름 없이 마주 맑은 날이 되어 오겠지만 나는 점점 빠르게 닳는다. 기다림을 기다리느라 마음이라는 이름표를 써 붙일 곳도 없는 허공만 본다. 저무는 빛살들이 아쉬워 네가

되었지만 나는 뚝뚝 흐른다. 보잘것없이 바닥만 남은 시린 광
장, 아무도 오지 않고 살지 않는 빈 들, 아득한 시절의 중앙, 감
촉 없는 모양으로 분명하게 소멸 중이다.

　부끄러운 이 몸이 뺏기지 않으려 포옹을 그린다. 너를 안
자마자 나는 처음으로 하늘처럼 맑아져 보았다. 가벼운 너는
울지 않는다. 차가운 육신은 말끔한 이 이음새에 안겨 아픔조
차 잊은 듯하다. 버벅대는 숨소리로 부른다. 더 안으려다 내려
놓았다. 잊으려는 사람만 창피해질 뿐이다.

3.

임
파
스
토*

푸른 강물과 푸른 바다는 모두 너다.

*(Impasto) 물감을 특정 부분에 두텁게 발라, 캔버스에서 튀어나오는 듯한 효과를 주는 기법.

해방

그 마음에 집중해 보아요.

조금씩 떠오르는 감정을 하나의 단어로 말해볼래요?

해...방.

그랬군요.... 이끄는 대로 끌려가 버리는 이유가.

어제 새벽을 이야기하려면 1년 전 새벽을 꺼내야 합니다.

여름 속으로 가득 퍼지던 종소리를 기억합니다.

그날도 어김없이 울렸습니다.

질끈 감았던 눈을 뜨며 살폈습니다.

선생님 오신다며 자리로 흩어지는 웃음소리,

교문 밖으로 우르르 달려가는 발소리.

없습니다. 한 아이가 없습니다.

그날 알았습니다.

내가 죄를 짓고 말았습니다.

가슴을 쓸어내리며 잠든 내가 밉습니다.

어제도 그제도 그랬습니다.

나는 죄가 많습니다.

매일 꿈속에서 그날을 보았건만

아무것도 지키지 못했습니다.

지구는 태양 곁을 한 바퀴 돌았습니다.

그 새벽이 다시 찾아왔습니다.

달콤한 목소리로 창을 두드렸습니다.

잠시 밖으로 나오라고, 여기 걸터앉으라고 손짓합니다.

해방의 유혹과 끊임없이, 끊임없이 싸우다

나도 모르게 창을 활짝 열었습니다.

올라선 밤은 선명합니다.

그 속으로 뛰어오르는 한 사람은 누굽니까.

자꾸만 자꾸만 두 팔을 활짝 벌려

자꾸만 자꾸만 착지 없는 추락을 그리는 저 사람은.

작아지는 저 점을 사라질 때까지 보았습니다.

점의 옷깃이 바람에 흔들립니다.

내 것과 같은 옷깃입니다.

*

그랬군요.... 하는 단아한 목소리가 낯섭니다.

간절합니다.
그날의 종소리가 다른 세계의 것이길 바랍니다.
아이가 듣지 못했고
그래서 오지 못했다면 받아들이겠습니다.

**

힘없이 걸어 나온 이곳은 어디입니까.
자꾸만 자꾸만 끌려갑니다.
두 팔이 떨립니다. 옷깃이 흔들립니다.
모른 척하라셨지만 흘러가고 싶습니다.

벗어나고 싶습니다.
겉도는 이 몸... 정말 쓸모없지 않습니까.
저 저수지 아래를 보고 싶습니다.
아무것도 보이지 않고 아무것도 들리지 않는
깊은 곳에서 잠들고 싶습니다.
그래도 되겠습니까.

2021.07.

칼자국

부엌이 있는 집에 혼자 살면서부터 가스레인지를 마른행주로 덮어두고 산다. 불을 쓰는 요리는 하지 않게 된다. 칼질도 불을 쓸 때만큼 하게 된다. 과일을 손질하거나, 샐러드를 만들 때 정도로. 집안 손맛은 한 사람이 물려받는다는 속설이 있다. 엄마는 한때 유명한 한식당에서 일했다. 기사 식당을 운영했던 외할머니의 손맛은 다섯 명의 자식 중 둘째 딸에게 갔다. 눈으로 먼저 살핀 후 입으로 음미해라. 밑반찬부터 먼저 담고, 주요리는 마지막에 담아라. 그녀는 밥상마다 자부심을 차렸다. 손도 커서 김밥이라도 말면 옆집은 물론, 멀리서 사는 가족들에게 갖다주곤 했다. 음식도 사람을 닮는다고 했다. 딸들이 차린 생일상을 보며 둘째 딸의 미역국은 아담-하고, 큰딸의 갈비찜은 소담-하다며 호탕하게 웃었다.

일곱 번째 개인전을 앞둔 무렵이었다. 지인이 응원차 작업실에 과일을 사 왔다. 사과를 바로 깎아내려다 아차 싶었다. 과도도 없이 살고 있었다. 도대체 뭐 먹고 살아요? 오죽 바쁘면 그렇겠냐는 지인의 말을 웃어넘길 수 없었다. 엄마의 서랍장 모서리에 셀 수 없이 찍혀있던 칼자국이 선명하게 소환되어서. 그녀는 서랍장 위에 놓인 전화기를 붙들고 매일 말다툼했다. 수화기 너머에서 아빠도 험한 욕설을 퍼부었다. 화가 치솟은 그녀는 위협적으로 변했다. 식칼을 들고 서랍장 모서리를 내리치면서 고함을 질렀다. 이번 달에도 돈을 안 부치면 다 죽을 거다. 식칼이 탕, 탕, 탕, 내리 찍히는 소리와 아이들의 울음소리를 견디지 못한 아빠는 전화를 끊어버렸다. 그녀는 먹통이 된 전화기를 붙잡고 얼굴이 허옇게 뜬 채 주저앉았다. 그러다가 동생과 내 얼굴을 세게 끌어안았다. 뚝, 그쳐. 엄마가 미안해, 엄마가 다 미안해. 엄마는 딸들이 볼 수 없도록 뒤통수를 계속 품으면서 꺽꺽 울었다. 엄마가 우는 소리에 나는 더 크게 울었다.

붓으로 선 하나를 그을 때마다 마음의 칼자국 하나를 지울 수 있다면 얼마나 좋을까. 그해 여름에 열린 개인전은 성공적이었다. 푸른색으로 물든 그림들은 하나같이 예뻤다. 그 전시가 입소문을 타 분당의 한 갤러리 입주 작가로 발탁되었다. 큰 행복은 항상 혼자 오지 않는다. 설마 했던 일이 함께 벌어졌다.

엄마의 건강이 급격하게 나빠지고 있었다. 아니나 다를까, 상태가 심각하다고 했다. 황홀한 무대는 내 것이 아니었다. 엄마의 입원일에 맞춰 입주 작가 활동을 정리했다. 나는 그녀에게 전담 간병인이라며 씩씩한 척을 했지만, 그녀는 예전 같지 않았다. 사흘 동안 통증에 시달리며 눈을 뜨지 못했다. 그녀가 찡그릴 때마다 흘러내리는 눈물을 닦아주었다. 괜찮아질 거야, 엄마. 마스크 속으로 흐르다 입꼬리에 맺힌 눈물을 소리 없이 삼켰다. 그녀에게 들키지 않도록.

그녀의 엄마도 그녀가 제일 가엾다고 했다. 지도 어린 것이, 제 몸만 한 딸을 둘씩이나 날개에 끼고 살았다고 했다. 엄마는 나이가 들수록 미안하다는 말을 자주 했다. 그때는 엄마도 잘 몰랐다. 많이 때려서 미안하고, 공부도 못 시켜서 미안하다. 용서해달라는 그녀의 편지가 쌓여있다. 그 심정을 읽다가 계절이 한동안 멈추곤 했다. 사랑과 용서는 다른 이야기일까. 마음의 금은 같은 자리에 생기고 또 생겼다. 그녀가 낸 칼자국은 너무 깊다. 들여다볼 용기가 날 때까지 넌지시 살아갈 뿐이다.

허기

초여름이 되면 무리 지어 산에 다녔다. 집게와 마대를 들고 곤충과 식물을 채집했다. 채집한 것들을 약으로 처리한 후 표본으로 완성하는 일이 과제였다. 과수원은 엄청난 채집 장소였다. 그리고 우리는 귀한 일꾼이었다. 아침 일찍 어린 감꽃을 솎고 점심을 먹었다. 오후에는 사방으로 흩어져서 채집에 집중했다.

　복학생들은 늦가을에 수확까지 도와줬다. 진흙탕에 빠진 트럭을 밀다가 똥물 같은 진흙을 뒤집어쓰기도 했다. 비료를 뿌리다가 내가 쌍코피를 흘리는 바람에 넘어가듯 웃기도 했다. 할아버지는 일당과 세탁비를 챙겨주면서 다음 주에 또 나와야 한다고 너스레를 떨었다. 복학생들을 움직이려면 돈보다 할머니의 시래깃국을 내세워야 했다. 할머니는 휘어진 손가락으로 시래기 껍질을 귀신같이 찾아 벗겼다. 야들해진 시래기는 한 움큼 쥐어져 펄펄 끓는 육수 위로 소복하게 던져졌다. 된장 한 숟갈이 맑게 풀릴 때까지 푹 끓여졌다. 그 시래깃국은 특별한 비법도 없는데 목젖으로 빨려 들어가듯 술술 넘어갔다. 허허허, 당연타! 그 맛은 한 번 묵고 나면 절대로 몬 이자 핀다. 시래깃국 이야기가 나오면 할아버지는 이 집 감이 제일 크고 달다는 소문을 들은 것처럼 자랑스러워했다.

오늘은 한 끼도 먹지 못했다. 늦은 밤 편의점에서 김밥 한 줄을 샀다. 괜히 속 재료를 세어보았다. 밥은 먹고 하나. 머리도 밥을 잘 먹어야 쓴다. 뱃가죽이 말라붙으면 아무 데도 못 쓴다. 할머니는 손녀를 볼 때마다 연신 밥걱정만 했다. 손녀를 태운 서울행 버스가 요금소를 지나 고속도로 위로 사라질 때까지 휘어진 손을 흔들었다. 밥. 그놈의 밥 때문에 우는 날이 올 줄이야. 사실 밥을 대수롭지 않게 여겼다. 매일 두 솥씩 밥을 짓는 할머니가 그저 신기했다. 굶고 온 식구라도 있을까 봐 김치도 종류별로 두 접시씩, 고기와 나물도 두 접시씩 담았다. 뒤늦게 도착한 자식의 뱃가죽이 섭섭하지 않도록 그 몫의 국도 꼭 남겼다. 그것도 모자라 양푼에 밥을 수북하게 퍼서 밥상 끝에 올렸다. 밥그릇을 빨리 비운 자식이 있으면 양푼의 밥을 바로 퍼서 얼른 더 들라고 했다. 그녀가 건네는 밥은 세상에서 가장 평등하고 따뜻했다.

　　노량진에는 주머니가 가벼운 학생들도 끼니를 때울만한 길거리 음식들이 널렸다. 하지만 갓 지은 수북한 쌀밥과 시래 깃국은 없었다. 양껏 먹어도 허기가 사그라지지 않았다. 자꾸 마음이 고팠다. 심한 몸살이 나면 정말 큰 일이었다. 관 같은 방에 누워 밤낮없이 식은땀만 흘렸다. 일주일 내내 코피를 쏟 았다. 살인적으로 건조한 공기를 해결할 대책이 없었다. 반나 절 넘게 앉아만 있느라 생긴 허벅지의 땀띠는 어떤 연고를 발 라도 무용지물이었다. 내가 '우리'일 때는 아픈 게 겁나지 않았 다. 누가 감기에 걸렸다 하면 이모는 맵싸한 생강차를 펄펄 끓 였다. 엄마는 시장에서 사 온 국산 잣 한 봉지를 곱게 갈았다. 거기다 흰 우유를 부으면서 휘휘 끓이다가 한숨 식혔다. 따뜻 하고 고소한 잣죽은 효능이 대단했다. 기침이 나면, 감기약보 다 먼저 생각나는 음식이었다. 불이 꺼지지 않는 도시에서는 매운 생강차조차 희귀한 음식이었다. 직접 담근 레몬청으로 오한을 겨우 달랬다.

　　한 달에 한 번 모의고사를 쳤다. 시험을 친 저녁에는 스파 게티 맛 컵라면을 특식으로 먹었다. 두 평 남짓한 공용 주방에 서 오 분 만에 조리할 수 있는 간편함이 그 음식을 더 특별하게 했다. 후루룩거리는 소리를 낼 수 없었지만, 짭짤한 맛을 느끼는 게 즐거웠다. 그날도 특식은 신속하게 완성되었다. 공용 식탁에 자리를 잡고 입을 크게 벌린 순간, 하필 옆방 학생이 부엌으로 들어왔다. 서로 시선을 피했다. 그곳에서는 서로를 신경 쓰지 않는 것이 예의다. 입안에 면을 가득 넣고 우물거리는데, 개인 컵에 물을 따르던 그 학생이 실실 웃었다. 꺼림칙한 기분이 들었다.

방으로 돌아와 거울을 보니 입가가 주황색 소스로 범벅이었다. 밥상에 앉으면 밥알을 세냐는 소리만 듣던 내가 어느새 컵라면을 입술에 묻혀가며 먹게 되었다. 이상하게 자존심이 상했다. 굶은 것보다 더 수치스럽게 느껴졌다. 음식에 스며든 것인지 스티로폼 용기 냄새가 목구멍으로 올라왔다. 허기에 시달리는 나를 부정하고 싶었지만, 그곳은 전쟁터였다. 살아남은 자만이 웃으며 집으로 돌아갔다. 하루 열두 시간을 보낸 독서실 계약이 끝나던 날, 나도 모르게 책상 앞에 절을 했다. 머리맡에 세워둔 동생의 편지와 할머니 사진을 일기장 사이에 곱게 끼워 꼭 끌어안았다. 젊은 허기들이 따닥따닥 붙어 있는 고시원촌. 그곳은 참으로 비현실적이었다.

작업이 끝나면 몹시 허기가 진다. 뜨끈한 음식이 간절해진다.

외할머니가 무쳐주는 나물과 밥이라면 두말하지 않고 뚝딱 비우고 싶다. 반듯한 건물과 식당은 차갑다. 늦여름의 무더위를 밀어내려 에어컨 바람을 날카롭게 틀고 있다. 그 앞을 지나가기만 해도 뼛속까지 시리다. 이 공허함은 뭘까. 배고픔일까, 외로움일까. 오래전에 사둔 뚝배기를 꺼냈다. 촌스러운 식탁이 고팠다. 누룽지를 끓이면서 외할머니에게 전화를 걸었다. 이 시간에 우리 소담이가 웬일이고. 밥은 묵나. 활짝 핀 목소리를 들으니 눈이 뜨거워진다. 그녀와 낙동강에서 재첩을 주워다 국을 끓이던 날로 돌아가고 싶다.

푸른 유영

웃음이 많아졌다. 아무 말 못 하는 순간이 늘었다는 뜻이다. 익숙해지지 않는 쓸쓸함과 너무 슬퍼서 울 수 없는 허망함은 나날이 완벽해진다. 이제는 마음을 먹어도 무너지지 못한다. 피보다 더 무거운 마음을 지니게 되었다. 도리어 모든 것을 한꺼번에 망칠까 봐 매일 두려웠다. 아니, 한꺼번에 망쳐버리고 싶었다. 명치까지 차오른 울부짖음이 자신의 차례만 기다리고 있었다. 이 울음의 끝은 어디일까. 무서운 만큼 울어볼까. 타들어 간 속이 흠뻑 식을지도 모르니까. 며칠 전 공황장애 검사에서 본심을 들켜버렸다. 진단 수치의 두 배를 뛰어넘었다고 했다. 심각한데요.... 지금 뭐가 제일 힘드시죠? 지금요.... 요즘 너무 바빠서 지친 것 같아요. 의사가 캐물어도 모르는 척을 했다. 아는 대로 대답할 수 없었다. 여름이 오면 새벽마다 현관을 연다고. 너를 기다린다고. 사실대로 말하고 싶지 않았다. 모든 것을 아직 인정하기 싫었다.

　너를 잃은 여름은 비가 길었다. 방안으로 쏟아질 듯한 장마가 슬픈 척 이불을 뒤집어쓰고 얼마나 울었나. 그때부터 호두는 잠자코 기다리는 법을 알았다. 작고 보드란 몸을 쓰다듬어 안을 때마다 생각했다. 배냇머리는 분명 갈색이었을 거야. 눈을 감았으면 나를 닮은 얼굴이 보였다. 명치에서 눈물 파도가 또 거세진다. 외로운 사람은 어디든 간다. 그리운 그 얼굴을 한 번이라도 마음껏 볼 수 있다면, 어디든. 불 꺼진 새벽의 적막에 마음의 방을 연다. 캄캄한 작업실에 앉아 뚫어지게 창밖을 바라보았다. 거기 서 있니. 손 흔들지 않아도 알아볼 텐데. 너무 일찍 떠난 아이에겐 손도 발도 없다. 창밖에 바람이 맴돌고 있다. 멍하니 서 있는 내 발자국은 빼곡하다 못해 넘친다.

　죽고 싶어. 죽은 것처럼 살 바에 차라리…. 고개 숙인 남자는 말이 없었다. 바람 없는 방안에 기척이 일었다. 화병의 꽃잎이 툭 떨어진다. 여름이 질 때마다 너를 셌다. 잎 없는 개나리가 만개할 때마다 너를 셌다. 하루에도 수십 번씩 셀 수 있었다. 참새를 보고 놀라는 너, 솜사탕을 들고 웃는 너, 토끼풀에 손을 뻗는 너. 여린 겨드랑이와 조그만 발목. 아직 긴 소매와 내려가는 양말. 슬픔은 사랑처럼 가질수록 커졌다. 막 걷기 시작하는 아이를 마주치면 더 밝게 웃어주었다. 슬픔이 모르도록. 나는 나를 미워하기에 사랑이 많다고 했다. 사랑이 오면 누구보다 더 많이 사랑해 주고 싶었다. 여름이 된 너에게 매일같이 기도했다. 용서를 다 구하지 못한 이 마음은 작아질 줄 모른다. 매일 쓸쓸해 보는 것과 울음을 참는 것, 견디는 것, 기다리는 것 외에는 해줄 수 있는 게 없다.

너를 찾는 나의 밤은 유영이었다. 모르게 품던 붉은 생명의 발자국을 따라다녔다. 헤엄 없이도 멀리 흘러가는 발자국. 그러다 언젠가 투명해지고 잊힐까 봐 숨이 막힌다. 첫 번째 여름에는 물을 볼 때마다 뛰어들고 싶은 충동을 느꼈다. 매일 더 선명하게 너를 그렸다. 절대 잊지 않으리라. 일부러 물가로 걸었다.

지독했던 그 여름은 가시지 않았고 나는 여름마다 모든 것이 느려진다. 붉은 것을 그리는 시도는 얼마 되지 않았다. 갓 짠 마젠타 물감은 아직도 건드리기 힘들다. 붉은색으로부터 도망칠수록 마음은 좀처럼 식지 않는다. 여전히 붉은 이야기로 푸른 그림을 그린다. 푸른 강물과 푸른 바다는 모두 너다. 붉지 않아도 뜨겁다. 머리칼도 한번 쓸어주지 못했다만 내 생

에 가장 소중한 사랑이 있었다. 푸른 물결 속에서 네가 어떻게
든 더 살아주길 바란다.

열매(Fruit)
Acrylic on canvas,
F30(90.9x72.7cm), 2023.

등대

그림은 나의 고독을 지켜주는 방패이자 고요한 초상이다. 이와 정반대로 선생님이라는 부름은 아이들의 빛을 지키는 창이자 겸허한 세계다. 5년간 몸담고 있던 학교 밖 청소년 센터와 자원봉사 기관에서의 활동을 마무리하면서, 앞으로 어떻게 살아갈지 다시 점검하는 시간을 가졌다. 아이들과 함께할 때가 가장 행복하다는 사실이 교사라는 직업을 포기하지 않게 했고, 삶이 다할 때까지 소외 청소년과 청년에게 디딤돌이 되고 싶었다. 쉽게 말하자면 더 제대로 된 어른이 되고 싶었다. 이런 꿈과 이상으로 가득 차 있을 때 H대학교 자원봉사 활동을 시작했다. 그곳에서 특별한 사람을 만났다. 그는 H대학교 장애학생 지원센터에서 발달장애 학생들을 아버지처럼 살피고 있는 목사였다.

대부분 자원봉사자는 그림자처럼 활동한다. 조용히 마음만 남기는 것이 우리의 역할이다. 그림자처럼 소리 소문 없이 다녀가야 한다. 그림자가 되어주는 일은 칠판 앞에 서서 수업을 진행하는 일과 조금은 다른 태도가 필요하다. 그중 가장 중요한 부분을 꼽자면, 한시도 눈을 떼지 않는 세심함이다. 내가 아이가 되어 그 상황에 놓였다는 생각으로 움직여야 한다. 상대방의 입장이 되기 위해서는 오랜 시간이 걸린다. 하지만 익숙해지면 금방 답이 보인다. 상대를 사랑할수록 상대의 마음을 더 깊게 느낄 수 있다. 앞이 보이지 않는 아이에게는 작은 기척으로 인사할 수 있고, 소리가 들리지 않는 아이에게는 크고 정확하게 눈짓과 손짓을 할 수 있다면 충분하다. 아이마다 좋아하는 인사말이나 관심사를 파악할 수 있다면 훨씬 다정한 그림자가 될 수 있다. 그는 크고 따뜻한 그림자였다. 항상 아이들을 먼저 생각했고 항상 아이들 곁에 있었다. 그를 만나려면 아이들이 모여있는 강의실로 갔다. 강의실에서 멀리 떨어진 연구실로 찾아가는 사람은 거의 없었고 덕분에 우리는 자주 마주했다.

한 학기가 끝나는 날이었다. 봉사활동을 마쳤으니, 소회를 나누자는 연락을 받았다. 하필 차가 말썽을 부려 약속 시간보다 조금 늦게 도착했다. 조급한 마음으로 문을 열었더니 아이들이 우르르 몰려왔다. 그동안 감사했다며 내 품에 꽃다발을 안겨주었다. 그림자가 아닌 상황이 어색해서 웃지도 울지도 못했지만, 마음을 다해 고마워하고 기뻐했다. 그리고 모두 둘러앉아 봉사활동에 대한 의견과 속마음을 터놓았다. 아이들에게는 단기적이고 겉핥기식 봉사가 아닌 지속적인 연대에 의한 지원이 필요하다는 의견에 모두 동의했다. 이 의견을 구체화하기 위해 여러 차례의 간담회를 더 가졌다. 그 시간이 세상에 꼭 필요한 빛의 시작이라는 확신이 들었다. 우리는 발달장애 아이들을 빛이라고 부르는 신념을 모아 자원봉사 단체를 만들었다. 그 이름은, 느리지만 멈추지 않고 나아가는 아이들을 부르는 애칭을 따서 '달팽이의 꿈'으로 정했다. 오래, 제대로 함께하고 싶은 모두의 소망이 이루어진 첫걸음이었다.

이겨야 하는 사람들이 자꾸 지면서 산다. 씁쓸한 일이다. 승자의 운명을 타고난 자는 드물다. 누구나 자유와 예술을 누리는 세상이지만, 그 세상을 짓는 이들에게는 그림자조차 편히 뉠 자리가 없다. 인권을 침해당하고, 당연한 것을 보호받지 못하고, 피해를 당한 사람들이 모여 소송을 하고 보도 자료를 내도 이 세계는 진전이 없었다. 끝까지 끈질기게 싸우고 싶어도 경제적 여건과 실질적 도움이 부족해서 대부분 포기하고 만다. 좋은 뜻을 품고 활동하면서 생활을 겨우 유지하는 사람도 많다. 많은 청년 예술가도 그렇다. 실력과 노력 부족보다 가

난에 못 이겨 중년까지 버티지 못하는 경우가 많다. 꿈꾸기 전에 여건부터 갖추려고 애쓰다가 포기하는 사람들이 늘고 있다는 게 안타까웠다. 삶은 원래 고통의 연속이다. 그러니 서로를 감싸야 한다. 포기를 현실적인 자세라고 치부하는 차가운 시선들이 자주 밉다. 그들은 타인의 고통에 관심을 가질 확률은 얼마나 될까? 관심이 있다면, 그 고통을 얼마나 나눠 들려고 할까?

인생을 사는 방법을 두 가지로 나눌 수 있다고 한다. 모든 사건을 우연으로 보는 방법과 모든 사건을 기적으로 보는 방법이다. 우리가 버틴 날들을 모두 기적이라 믿는다. 고지를 눈앞에 두고 낭떠러지를 만나기도 했다. 그래도 기적은 멈추지 않고 일어났다. 나에게 그 힘과 기적은 항상 아이들이었다. 한때는 애먼 사람에게 도움을 청하기도 했다. 영원히 잠든 친구를 찾아가 목 놓아 울기도 했다. 무너지고 부서져서 갈 곳을 잃고 방황할 때마다 아이들을 만났고, 희망이 생겼다. 어쩌면 지금껏 아이들을 만나기 위해 살아온 것이 아닐까. 달팽이들이 웃으면 삶이 기적처럼 느껴진다. 기적이 아름다운 이유는 사랑처럼 비현실적이기 때문이다. 그 빛이 꺼지지 않는 한 우리의 시간은 자꾸 맑아질 뿐이다. 요란했던 하루가 태연하게 저물었다. 요란하지 않은 사람들의 손길을 되새기며 잠을 청한다.

그렇게 살아가는 것*

가을은 남다르다. 문을 열자마자 신선한 바람이 들어온다. 그 계절의 발걸음은 자주 평온하다. 건너편 아파트 단지는 화요일마다 분주하다. 푸드트럭과 야외 천막이 펼쳐져 있으면 화요일이다. 화요일에 열리는 장터니까 나 혼자 화요 장터라고 불렀다. 화요 장터를 볼 때마다 수민이의 피아노 연주를 상상했다. 수민이는 매주 수요일 영어 수업마다 만나는 짝꿍이었다. 아이는 잘 웃지 않았다. 목소리는 개미가 들릴 만했다. 본인의 전화번호도 겨우 외우는 아이에게 알파벳 공부를 시키려니 미안했다. 수민이는 영어가 싫다고 했다. 마음대로 안 되니자꾸 짜증을 냈다. 그 불똥은 내게도 튀었다. 선생님 저리 가세요. 싫어요. 못 하겠어요. 안 할래요. 집에 갈래요. 매주 투정 5종 세트를 썼다.

---

*가수 허회경의 세 번째 싱글 앨범 타이틀.

96

화요일마다 아이에게 문자를 했다. 수민아, 내일 봐. 수민이는
매일 피아노를 연주한다고 했다. 반복과 노력의 방법을 아는
아이였다. 영어 싫어 병도 반드시 극복해 줄 거라 믿었다. 믿음
대로 아이는 천천히 마음을 열었다. 선생님, 나한테 왜 잘해줘
요? 이상해요. 나의 친절을 불편해하면 일부러 교실에서 먼저
나와주었다. 매일 변덕스러운 아이의 마음에 맞춰서 행동했
다. 그런 헤어짐이 익숙해졌을 때쯤, 수민이가 뒤에서 소리쳤
다. 다음 주에 봐요! 복도에서 메아리가 힘껏 울렸다.

어느 화요일부터는 아이에게 먼저 문자가 왔다. 저번에는
용기가 없었어요. 다음에 열심히 할게요. 주말에 느닷없는 안
부 문자를 보내기도 했다. 선생님 예뻐요. 사랑해요. 조금 느렸
을 뿐, 우리는 서로에게 넌지시 기다리고 기다려주는 법을 배
웠다. 하지만 시간은 정해져 있었다. 어느 날, 수업이 끝나자마
자 도망치듯 사라져 버렸다. 알고 보니 그날이 수민이의 마지
막 등교일이었다. 구겨진 샌들을 고쳐 신겨주지 못해 내내 미
안했다.

세탁소에 가면서 화요 장터를 지나갔다. 나들이를 나온 유
치원생 아이들이 길을 건너고 있었다. 한 손에는 자기 몸 망한
뻥튀기 봉지를, 다른 한 손에는 친구 손을 꼭 쥐고 있었다. 언

제쯤이면 떠난 아이 생각을 그칠 수 있을까. 아직은 못 잊었다는 말로 떠난 사실을 받아들이고만 있다. 아이들이 길을 건너면서 자꾸 돌아본다. 내 뒤를 따라 걷던 호두가 신기해서 그러는 모양이었다. 길을 건너자마자 아이들과 천천히 인사를 하면서 멀어졌다.

오랜만에 엄마를 만나러 간 동생에게 전화를 걸었다. 종일 운 목소리다. 엄마가 가슴을 치면서 미안하다고 했어. 미안하지만 참아달라, 용서해달래. 너무 울었더니 머리가 아파. 귓가에서 자꾸 떨어지는 동생의 슬픈 문장을 발끝으로 건들면서 걸었다. 밥은? 빈속에 그렇게 울면 몸이 상해. 머리가 너무 아파서 입맛이 없어. 동생은 어릴 때부터 울면 어지럽고 열이 났다. 좀 쉬어. 한숨 자면 괜찮아질 거야. 울지 않으면 더 좋겠지만... 오늘은 차라리 우는 게 나을지도 몰라. 마음이 날씨를 닮는 날도 있었고, 날씨가 마음을 닮는 날도 있었다. 둘은 떼어둘 수 없는 사이다. 괜찮을 수 없는 일에 괜찮다고 했던 수많은 거짓말처럼.

별

눈과 볕은 이렇게도 매서운 것
말과 부름을
덧없게 하는 것

언 땅처럼 울지 않는 아이와 뺨을 맞댄 채
부질없는 입술로 설국을 짓는다

죽어가는 마음은 생보다 붉은 것
가파른 빛살에 업혀
남겨진 채 마중하는 고아처럼
그저 슬픈 것

겨울은 쓸쓸한 부스러기
단애의 등을 끌어당긴 채
헤프게 추락할 테지만

시린 것들은 끝내 부서지지 않는다

고개부터 갈비뼈까지
앙상한 가시랭이가 되어
하얗게 입을 맞춘다

입김을 나누며
볕 들 날을 기다린다

안개

자욱한 안개가 앞을 가린 오후다. 일기예보 기온은 섭씨 십 도. 멀어진 겨울을 실감한다. 잠을 설친 탓일까. 거실까지 걷기도 버겁다. 물 한 잔도 달갑지 않다. 터벅터벅 회색 거리를 배회하고 오니 허기가 느껴졌다. 김이 나는 옥수수수프 위에 식빵 한 장을 무심하게 찢어 넣었다. 난로를 켜고 식탁에 앉았다. 수프는 옆에 놓고 엊그제 선물 받은 책부터 폈다. 한 장에 한 숟갈씩. 천천히 음미하다가 생각에 빠진다. 주인공이 어린 딸의 손을 잡고 화분을 사러 갔다. 나도 외할머니와 손을 잡고 시장에 가곤 했지. 수프가 식고 있다. 이야기가 클라이맥스로 넘어간다. 책과 숟가락을 내려놓았다. 난로를 몸 앞으로 당긴다. 차가운 무릎을 쓸면서 바라본 창밖은 여전히 잿빛이다.

어제는 수면제도 들지 않았다. 갑갑해서 몸을 일으켜보니 새벽 세 시였다. 졸고 있는 호두를 쓰다듬다가 엉덩이를 두드려 줬다. 수건이 많이 쌓였어. 눈이 내리기 전에 빨래방에 다녀오자. 내일은 사람이 많을 거야. 빨래 바구니를 끌고 밖으로 나왔다. 세상이 음침했다. 어두운 안갯속에서 누군가가 나를 지켜보는 것 같았다. 인기척 없는 아파트 복도에 불이 켜졌다. 걸음이 빨라졌다. 호두도 뛰기 시작했다. 감각신경의 역치가 낮아진 듯 온몸이 예민해졌다. 숨이 빨라지고 옷깃이 스칠 때마다 정신이 또렷해졌다. 온 세상이 잠들었는데 혼자 깨어있었다.

물속에서 붓이 춤추는 소리도 그렇다. 새벽이 되면 혼자 깨어난 듯 그 소리만 유독 크다. 마른 수건에 닦은 붓으로 물감을 섞을 때까지 찰랑이는 물소리가 귓가에 맴돈다. 소용돌이가 서서히 사라지는 그 순간은 고요하다. 그 정적 때문인지 물감을 다루면 어딘가 말끔해지는 기분이다. 이상한 긴장감이 몸을 감싼다. 그 상태를 더 인식해 보곤 한다. 소용돌이를 삼킨 물감이 붓에서 캔버스로, 캔버스에서 한 형태로 옮겨간다. 나는 그 장면이 처음이자 마지막으로 목격하는 유일한 관찰자다.

형태가 뚜렷해질수록 긴장감도 사라진다. 호흡은 그때부터 불규칙해진다. 느슨한 해방감과 팽팽한 집요함 사이를 빠르게 넘나든다. 캔버스에서 붓을 뗄 때마다 고개가 기울어진다. 때로는 그림 한구석을 노려본다. 펜싱 선수처럼 몸을 앞뒤로 움직여 보기도 한다. 탱고를 추듯이 스텝을 밟으면서 빈 곳에 물감을 툭 툭 묻힌다. 나조차도 알 수 없는 움직임은 날이 밝을 때까지 계속된다. 그림은 늘 이런 방식으로 나를 완전히 매료시킨다. 꽁꽁 무장한 나를 불안으로부터 벌거벗긴다. 한 올도 남김없이 집어삼킨다.

팡! 팡! 뽀송해진 수건을 꺼내어 털었다. 따뜻한 향기가 퍼졌다. 호두가 콧구멍을 씰룩거린다. 달아나는 향기를 쫓고 있다. 깨끗한 수건을 차곡차곡 접어 바구니에 담았다. 긴장이 풀렸다. 졸음도 쏟아진다. 내일은 뭐라도 그려야겠다. 내키지 않아도 붓을 잡아야겠다. 그림은 항상 나를 기다리고 있으니까. 해바라기 같은 정물화도 좋겠다. 새벽안개가 두껍다. 내일 날이 좋겠구나. 두려움을 깨끗이 거두고 돌아왔다. 서랍장에 수건을 옮겨 담았다. 보드라운 온기가 흐르는 새벽 네 시였다.

무게

긴 꿈을 꾸는 중이다. 꿈에서도 어제처럼 느껴지는 시간에 집
착했다. 어제 속의 수많은 나는 당신에게 울고 웃고 떠들고 침
묵하고 경청했다. 그러다 나를 잊고 당신만 기억하고 나를 기
억하고 당신만 잊었다. 우리를 잊고 또 기억하는 순간에만 그
기억에만 머물렀다.

오지 않을 것 같은 어제를 준비 없이 맞이하며 다행이라
했었나. 닫지 못한 어제들을 끌어와 하루씩 더 살았던 날들. 도
미노처럼 이미 놓은 조각과 조각 사이의 애매한 간격들이 보
기 싫어져 새로운 조각을 들던 순간. 간격을 지워도 메꾸어도
떨칠 수 없던 두려움. 그렇게 불규칙한 간격들 속에 우리는 얼
마나 흩어졌을까. 어디에 박혀있을까. 어제의 우리는 얼마나

떨어지고 다시 붙어 하나가 되었을까. 꿈에서도 그런 꿈. 넘어져 버리면 다시 일어날 생각이 없는 그런 무게들에 짓눌려있다.

넘어진 시간과 무게들은 어떤 그림일까. 그것들을 모래처럼 쓸어 담으면 드러나는 자국들은, 우리일까 당신일까. 그 자국들은 서로 손을 놓았을까, 붙잡고 있을까. 억지로 동여맨 듯 어쩔 줄 모르는 덩어리가 되었을까. 그 모습 그대로 종이 위에 옮길 수 있을까. 파란 물새가 날개를 편다. 곧게 멀리 날아간다. 땅 위로 치고 나온 새순이 종아리를 가리는 동안에도. 그 사이로 민들레가 고개를 내미는 동안에도. 그늘이 천천히 오고 가는 동안에도.

네가 떠난 꿈은 아직 오래된 이야기다. 여름이 한철인 것들 마냥, 서로 앞다퉈 식어가기 바쁜 얼굴들이 나를 일으킨다. 입김이 서리는 나의 전부가 슬며시 일어난다. 얄팍한 이 계절의 등 뒤로 내 전부를 숨길 수 있을까 기대하면서.

몹쓸 짓이라는 것을 알고도 어깨를 움츠린다. 차가운 계절의 뒤통수를 쫓아 뒷걸음질로 나를 가려본다. 이미 나는 아주 시린 것들의 앞잡이. 뒷자리를 차지하기 위해 새치기를 하는 몽상 중 가장 차가운 꿈. 공허한 눈앞을 응시하면서 간절히 바랐다. 나의 먼발치에 당신이 줄을 서 있지 않기를 바랐다. 새치기하는 것들 뒤에 까치발을 하고 나의 뒤통수를 보려 하지 않기를 빌었다.

지평선 넘어 까마득히 먼 어느 곳에 당신이 곤히 잠들었기를. 가끔 입김을 호호 불며 주머니에 손을 숨긴 작은 겨울만 보내기를. 더운 나라의 낯선 아픔이 부르는 소리를 잊었기를. 긴 꿈이기를. 나를 기다리다 잠든 당신의 이마를 가만히 짚는 날까지 깨어나지 않기를.

소류지에 머무는 밤

소류지에 머무는 밤에도 우리는 산다. 시간을 나누며 어김없이, 아픔을 딛고 슬픔을 쪼개며 산다. 삶이란 본래 너무 초라한 것인지 영영 가릴 수 없는 슬픔도 있다. 동료를 보냈고, 아이와 제자들을 보냈고, 친구들을 보냈다. 하늘이 정말 나를 시험하고 있는 걸까. 그렇게라도 믿지 않으면 숨을 정신을 일으킬 수 없었다.

갈 곳 없던 마음은 그림을 그리면서 세상이 곱절로 넓어졌다. 많은 사람을 만났고 내가 얼마나 작은 존재인지 깨달았다. 나와 닮은 사람들도 많았다. 우리는 서로를 알아봤다. 우연처럼 만났으나, 되돌아보니 운명이었다. 사랑하는 사람을 잃고 남겨진 우리는 하나같이 푹 꺼진 땅에서 조금씩 나오고 있었다. 아픔이 닮아서일까, 보고 느끼는 감각도 비슷했다. 우리에게 세상을 보는 눈이 하나 더 있다. 작은 바람도 그냥 지나치지 않았고, 유난히 불타는 노을도 그냥 넘기지 않았다. 보이지 않아도 곁에 있다고 믿기 때문이었다. 늘 곁을 의식하기 때문이다. 우리는 무언가를 찾고 있는 사람의 목소리도 잘 듣는다. 풀의 초록과 물의 투명과 흙의 찬기를 선명하게 만들 만큼. 흩어진 이야기를 제자리로 되돌릴 만큼. 악마들의 포효를 단숨에 끊어버릴 만큼. 슬프다 못해 구슬픈 목소리를 안다. 내일이란 것이 아침마다 발을 뻗치겠지만 우리는 어제를 느끼고 기억할 수 있다.

적당히 무뎌지길 원했지만 나날이 첨예해진다. 무딘 사람을 만나고 싶다가도, 섬세한 사람을 만나고 싶다. 그래서 보낸 사랑이 늘어간다. 늘 곁에 있고 싶었지만 그러기엔 내가 참 구슬픈 사람이다. 곁에 있는 사람마저 구슬프게 말할까 봐 무서웠다. 그래서 사랑이 싫었다. 사랑을 위해 겁내는데 다행이라 믿었다. 늘 무딘 사랑을 했다고 믿었다. 나를 잃어버린 사람들에게 나의 빈자리가 크지 않을 거라 믿었다. 하지만 사람들은 나에게 무뎌지는 것을 원하지 않았다. 어제보다 더 친절했고 따뜻했다. 나 혼자 슬픔에 휩싸여 그들에게 무뎠었다. 그런 사랑이 또. 떠날까 봐 무서워했다.

새로운 상실은 지난날의 상실을 잘 보듬어주었다. 애도는 마음의 자리를 넓혔고, 상실이 넘치지 않도록 품어주었다. 한때는 덜 구슬픈 존재가 되고자 했지만, 이제는 다정한 사람의 상실을 닮고 싶다. 당신이 그토록 찾아 헤맨 상실과 꼭 닮은 반가운 이름이 되고 싶다. 그렇게 된다면 우리라는 관계들이 영원히 구슬퍼지지 않을 것 같다. 내가 나를 잊을 만큼 작게 흩뜨려도 온전하게 이어 붙여주는 힘도 생길 것 같다. 이미 끝나버린 관계들이 짐작하는 것보다 훨씬 더 오래 당신을 곱씹어왔다. 당신에게 잃어버린 존재와 똑 닮아있지 못해서 지금껏 아팠다. 좀 더 빨리 깨달았다면 하는 이 후회가 진짜 사랑이면 좋겠다. 넘치고 마르기를 반복하며 남아있는 저 소류지처럼 이제는 한자리에 머물고 싶다.

4.

햇빛 냄새

너를 떠올리면 식어가는 여름이
터지는 내음을 느낄 수 있다.

오월의 숲

머문 것들은 모두 정수리가 있다
정수리가 무성한 오월
푸름과 시듦의 비벼짐과 빼곡함 사이의 공허함이 한 계절에
사는 줄 잊은 채
위로만 자란 나무 기둥 곁으로
위로만 자란 가지 아래로
우리는 유연하게 걷는다

자신의 손가락조차 쓰다듬지 못한 존재들이 호흡한 시간을
마시며 유연해진 우리는 우리를 보듬었다

사랑하고 싶어 곁눈질하는 존재들 사이로
태어난 곳에 깊숙이 발을 묻어야만 하는 존재들 사이로
우리는 그토록 우리가 있는 곳으로

우리는
푸름도
빼곡함도

잃겠지만

우리는
공허함도
비벼짐도
유연함도
걸음도
잃겠지만

우리는
보듬는다
오월의 숲은 남겠지만
우리는 정수리를 낮춘다

외로움

뜨거운 여름날이었다. 잠깐 세워둔 차 안은 뜨거운 열기로 가
득 차 숨이 막혔다. 인류학과 교수의 에세이 북토크가 있는 날
이었다. 오전 일정이 길어지는 바람에 제시간에 도착하긴 글
렀다. 하지만 한 달을 기다려온 북토크였다. 서둘러 시동을 켜
고 창문을 내렸다. 북토크는 예전 작업실과 가까워 자주 들렀
던 아담한 책방에서 열렸다. 주제는 외로움이었다. 외로움을
만나온 사람의 눈빛은 어떨까. 단호할까, 차분할까. 느지막이
도착한 덕분에 맨 앞자리에 앉아 그 눈빛을 볼 수 있었다. 천
천히 반짝이는 눈동자와 밝고 유연한 말투. 여유 있는 그녀의
태도는 특별하지 않아서 특별해 보였다. 그녀에게 외로움은
각별한 존재였다. 외로움을 사랑하는 사람이었다. 그래서 그
단어를 오래 수집할 수 있었나 보다. 그림을 그리면서 줄곧 단

어의 모양을 탐색해 왔다. 나무의 ㄴ, 마음의 ㅁ, 사람의 ㅅ, 안녕의 ㅇ이 만드는 모양들. 여기서는 꺾고 저기서는 피고 다시 모이는 그런 모양은 나를 골똘하게 만들었다. 단어도 사람을 닮는다고 생각했다. 커피 한 잔을 대하는 취향, 흰색 티셔츠 한 장을 고르는 기준처럼. 그녀에게 외로움은 살며시 보듬은 모양이었다. 나에겐 아직 없는 모양이었다.

북토크 분위기는 평화로웠다. 외로움 속 자신만의 해답을 찾으려는 사람들로 가득했음에도 소란하지 않았다. 사람들은 경청하고 경청했다. 외로움에는 저마다 귓바퀴가 달린 걸까. 이렇게 서로 들어주기만 한다면 외로움이라는 단어는 사라질 것 같았다. 이해되길 바라는 만큼 깊게 이해한다면 모두 동그랗게 품은 모양으로 살 수 있을 것 같다. 질의응답 시간이 되자 질문이 쏟아졌다. 마지막으로 내 차례가 되었다.

저는 학교 밖 청소년들을 만나고 있습니다. 요즘 외로워 보이는 아이들이 많아요. 잘 지내지? 하고 물으면 아이들은, 그럭저럭하네요. 그냥 그래요. 하고 말아요. 덤덤한 모습이 눈에 밟혀 며칠 뒤 다시 묻기도 했어요. 어제도 혼자 있었어? 외롭진 않아? 네, 일상이에요. 하나도 안 외로워요. 혼자가 편해요. 한창 친구들과 어울릴 나이인데. 불편해할까 봐 더 물을 수가 없었어요. 부정하는 건지, 혹은 체념한 건지 걱정입니다.

선생님의 외로움을 아이에게 먼저 터놓아 보세요. 그녀의 대답은 명쾌했다. 이 방식은 세심함이 필요했다. 아이가 일찍 온 날이면 오늘은 일찍 왔네, 주말에 뭐 했어? 정도의 안부만 물었다. 통 말이 없는 아이에게는 아무도 몰래 다가갔다. 공책 모서리에 내일 비가 온대. 우산 잘 챙겨! 하고 필담을 남겼다. 수업이 끝나면 저녁 메뉴나 내일 일정을 물었다. 아이들의 공백을 발견하면 그곳을 천천히 지나가 주었다.

그런 노력이 쌓이니 아이들은 점점 마음을 열었다. 시시콜콜한 이야기부터 오래전부터 해온 고민까지 술술 터놓았다. 혼자 다니는 아이들이 나의 공백에 와주는 날도 늘었다. 그런 날을 기회처럼 썼다. 바나나맛 우유를 건네면서 말했다. 오늘 조금 힘들었는데 덕분에 잘 해결했어, 고마워. 눈을 맞추고 웃는 아이를 보면 힘이 났다.

처음부터 혼자였던 사람은 없다. 오래 혼자였던 마음은 빈자리가 많다. 누군가와 함께한 시간은 곧 마음의 언어다. 외로운 시간이 자꾸 쌓이면 풍성한 그림을 그리기 힘들다. 아이들과 시간을 보낼 때마다 비어 있는 시간을 떠올린다. 함께 채워

주는 만큼 다분히 살아가길. 괜찮다고 말했던 저녁과 괜찮을 거라고 했던 아침이 찾아오길. 더는 쓸쓸하지 않길. 보이지 않는 기도로 시간을 채웠다. 우리가 주고받은 위로가 낙엽처럼 쌓이며 성큼 가을이 될 테다. 그때까지 버텨주고 있어 주고 흘러가며 우리는 고요히 살아가고 있다. 어디선가 혼자 걷고 있을 너를 더 생각하려 붓을 내려놓는다. 창밖에 흔들바람이 불고 있었다.

산유화 山有花

지독한 열기가 완전히 눈을 떴다. 그늘 없는 여름 땅은 살벌하다. 산수유나무 그늘에서 낮잠을 자던 물까치들도 달아났나보다. 익은 땅 위로 아지랑이가 피면 현기증이 느껴진다. 아련하면서도 두려운 더위에 뺨이 붉어지면 목을 만지작거린다. 과호흡은 여름을 닮았다. 뜨거운 날 예고 없이 왔다. 숨을 고르면서 의심하는 버릇도 한 철이다. 여름이 다 가기 전에, 라는 제목으로 버킷리스트를 썼다. 호두와 바닷가 가기, 바닐라 라테 맛집 찾기, 폭식하지 않기, 토하지 않기, 다섯 점 이상 완성하기, 공모전 도전하기. 한 작가의 작품을 몰아 읽기도 그중 하나였다. 버스를 타고 호수와 가까이 있는 서점까지 갔다. 지난번에 만지작거리다 내려놓았던 파란 책갈피가 남아있을까 기대하면서.

고흐의 아몬드 나무가 그려져 있던 책갈피는 없었다. 겨울 버 킷리스트가 담긴 메모장에 한 가지를 더 추가했다. 재봉틀로 천 책갈피를 만들기. 온종일 곱창 머리끈 하나를 겨우 완성 하는 솜씨지만, 나름으로 쓸모가 있다. 함박눈이 무릎까지 푹 푹 쌓이는 날에는 미싱을 돌리며 시간을 보냈다. 매정한 추위 의 틈을 한땀 한땀 채웠다. 감은 실이 자꾸 끊어져도 겨울밤은 길고 하얗다. 그날의 기억은 한여름에도 선명한 겨울을 떠올 리게 만든다. 소설 코너 앞으로 갔다. 빼곡히 진열된 책장 앞 에 설 때마다 무수한 숨소리가 느껴진다. 저만치 혼자서. 계획 에 없던 제목을 꺼내 들었다. 초등학교 합창부에서 동생과 불 렀던 노랫말이었다. 꽃이 좋아 산에서 사노라네. 이 노래를 동 생과 같이 불러보면 문득 놀란다. 화음을 넣는 부분과 늘어지 는 박자까지 정확히 맞춰 부를 수 있다. 어떤 기억은 토씨 하 나 틀리지 않고 공유된다. 공유하고 있는 기억은 소환되는 만 큼 살아나는 것 같다.

기다려 온 여름은 여기 없다. 아직 저만치에 있을까. 아니 면 내가 모르게 다녀갔을까. 새로 산 책은 아직 한 줄도 읽지 못했다. 여름 버킷리스트 중 한 가지도 이루지 못한 채 입추를 넘겼다. 재호를 다시 만난 건 그해 겨울이었다. 키가 훌쩍 자란 아이는 코트를 입고 약속 장소 앞에 서 있었다. 재호야! 추운데 들어가 있지 않고! 아니에요, 선생님. 오시면 같이 들어가려고 기다렸어요. 아이를 처음 만난 날이 떠올랐다. 교실 둘째 줄 가운데 자리에 앉아 있었다. 한 달에 한 번 자리를 바꿨는데도 큰 눈망울 때문에 잘 보였다. 노랗게 핀 산수유 아래서 처음으로 단체 사진을 찍었었다. 사진에서도 꽃 같은 아이를 한눈에 찾을 수 있었다.

어린 재호는 에너지가 넘치는 아이였다. 강렬하고 강렬했다. 목소리도 크고 말의 속도도 빨랐다. 호기심도 많고 하고 싶은 것도 많았다. 그 꿈을 다 이루기엔 학교라는 세상은 작고 답답한 곳이었다. 재호는 신기한 물건을 발명하거나 즐거운 소동을 일으켜서 주위에 웃음을 주곤 했다. 음악을 좋아해서 축제 때는 교실을 클럽으로 꾸몄고 그 결과 가장 인상 깊은 반으로 뽑혔다. 가끔 주체할 수 없는 모습으로 말썽을 일으키기도 했지만, 그런 모습마저 좋았다. 아이의 진중한 구석을 일찌감치 발견했기 때문이었다.

'십 년 후에 만나요. 2019.12.31.'
재호는 공예 시간에 만든 물컵 바닥에 이 약속을 남겨 나에게 선물했다. 버킷리스트가 쌓일 때마다 사소하게 슬펐지만, 이 약속은 겨울마다 나를 살게 했다. 어느덧 스무 살이 된 아이는 교목처럼 곧게 자랐다. 걸음걸이의 보폭은 여전히 넓지만 움츠려 걷던 습관은 사라진 듯했다. 청춘의 꿈을 차분하게 터놓는 모습은 새롭고도 반가웠다. 오래 기억하고 싶어서 조용히 살펴보았다. 좋은 어른이 되어가는 너를 계속 지켜볼 수 있어서 기뻤다.

저녁이 다가올수록 코트 옷깃 위로 드러나는 아이의 목이 자꾸만 마음에 걸렸다. 다행히 여유가 있었다. 아이를 끌고 근처 옷 가게로 들어갔다. 새 목도리를 둘러보는 얼굴이 밝다. 헤어지기 전에 버스 정류장까지 함께 걸었다. 맑은 하늘에 함박눈이 날렸다. 운수 좋은 날이다. 우리는 함께 웃었다. 그날 밤 침대에 기대어 앉아 재호가 써준 편지를 읽었다. 따뜻한 문장들에 마음이 녹으면서 나도 모르게 눈썹이 위로 올라갔다. 편지 맨 아래에는 눈사람이 그려져 있었다. 그저 너였다. 나뭇가지로 만든 손, 꽁꽁 싸맨 목도리. 하늘에서 내리는 동그란 눈. 새 목도리를 두른 아이의 모습과 토씨 하나 틀리지 않았다. 앞으로 내가 활짝 핀 산수유 한 그루를 그린다면, 그건 너다. 꽃도 좋지만, 나무가 되어라. 사람과 꽃과 보보 날던 새가 쉬어가는 그늘을 가진 사람이 되어라.

입 없는 자리

긴 침묵은 엄마의 부재를 실감케 한다.
열병이 난 동생에게 달려가 저녁을 먹었다.
그런 날 외에는 일만 했다.
이번 연휴는 매장 방문객 수가 가장 많았단다.
무르팍이 멍으로 남아나질 않는다.

시월 중순에 마치기로 한 신작은 입을 꾹 닫고 있다.
아직 시울도 입꼬리도 없다.
이토록 형편없는 나를 또 얼마나 안아 주려는지.
어루만지며 미리 고마워한다.

밤이면 못 뜬 눈을 더 뜨고,
아침이면 못 감은 눈을 더 감았다.
밤낮으로 사랑을 기리는 겁쟁이가 사는 방식이다.

영원할지도 모르는 저 빈자리를 두고 어쩌면 좋을까 하던
망설임은 버렸다.
한동안 침묵보다 더 나은 말은 찾지 못할 테니

연필과 붓으로 바닥을 짚는다.

삶은 오른손이 가슴보다 먼저 나가는 것이다.

오른손이 그린 곳에 가슴으로 머물다 가는 것이다.

무심

작업실 구석에 묵혀둔 그림이 뽀족하게 거슬린다. 다시 시작해볼까 싶던 찰나에 엄마에게 전화가 왔다. 다급한 말을 토하는 얇은 입술. 가늘게 떨리는 목소리. 혹시 다른 사람이 아닐까. 스페이스 바가 고장 난 키보드 같았다. 무엇이 이토록 그녀를 숨 막히게 하는 걸까. 그녀는 대답을 기다려주지도 않았다. 괜찮다는 거짓말을 들키길 원한 걸까. 그녀가 남긴 쓸쓸한 외침은 오래간만에 느낀 의욕을 깨트려 버렸다. 허무했다. 한순간에 널브러진 마음은 힘없이 방바닥에 주저앉았다.

　가까운 사람에게 받은 상처는 크디크다. 무방비로 쿡 찔린 상처는 어찌할 줄 모른 만큼 깊다. 이런 상처들을 안고 살다 보면 사랑이 겁난다. 전화가 끊기기 직전에 그녀는 사랑한다

123

는 말을 살려달라는 말처럼 꾸몄다. 사랑. 사랑이 우리를 살릴 수 있을까. 우리가 사랑을 살릴 수 없을까. 그녀는 계속 무너지고 있다. 오늘 같은 날에는 나도 일어설 자신이 없다. 무엇도 진심으로 사랑할 자신이 없어진다. 이 년 동안의 분투가 담긴 공모전 서류를 서랍에 넣어버렸다. 제출 마감일이었지만 모든 게 무의미하게 느껴졌다. 불 꺼진 방에 누웠다. 어두움이 주는 위로 속에 나 홀로 갇혀있고 싶었다.

꽤 긴 잠이 들었나 보다. 오후가 저물고 있었다. 어제 그리다 만 자작나무 숲은 아직 오르막이 없다. 붓들 힘이 없다는 핑계로 방치한다면 숲은 하루 더 외로워야 한다. 마음을 끌고 나와 동네를 걸었다. 매일 닫힌 듯 열려있는 꽃집에 들어가 보았다. 싱그러운 잎사귀들을 살며시 만져보았다. 여린 초록빛 줄기는 어째서인지 단단하고 맑다. 이것도 파는 건가요. 투박한 화분에 심어진 박쥐난을 가리키며 물었다. 돌덩어리 같은 뿌리줄기가 내 허리만 해 보였다. 그건 화분이 예쁘지 않아서 잘 안 나가네요. 저렴하게 드릴게요. 아무렇게나 키워도 잘 자라요. 흠집이 있었지만 그리 못난 화분도 아니었다. 덜컥 품에 안아 집으로 데려왔다.

베란다를 여니 어깨가 바로 서늘해진다. 입춘이 지났지만, 추위는 아직 가시지 않았다. 커튼을 거두고 너무하지 않을 만큼 볕이 드는 자리를 만들었다. 두꺼운 잎에 물을 주니 물방울이 잎맥을 따라 흐르다가 주렁주렁 매달린다. 덜컥거리는 마음이 사그라들었다. 흠집을 잊은 초록은 튼튼하다. 그 모양을 눈으로 따라 그렸다. 눈을 깜빡일 때마다 속눈썹의 무게가 느껴졌다. 저녁이 오고 있었다.

무릎을 짚으면서 일어섰다. 이 망할 아픔은 여름마다 숱한 나를 내버려두지 않는다. 아름다운 이 계절이 아픔을 살찌우다 도로 야위게 해도 살아가야 한다. 배경 없는 나무와 그림자 없는 사람이 방 한구석에 쌓이더라도 무심해져야 한다. 붓을 쥐고 고개를 들어야 한다. 그림은 손끝에서 나온다는 사실만을 믿어야 한다. 사랑을 성실하게 증명해야 한다. 서로를 지독하게 사랑해야 한다.

친구

좀처럼 화가 가라앉지 않는다. 아무것도 그릴 수 없었다. 대충 카디건을 걸치고 호두와 공원으로 나갔다. 사람들이 광장의 대형 조형물을 향해 물을 뿌리고 있었다. 가을맞이 샤워라고 했다. 크나큰 대리석의 묵은때가 씻기는 광경을 보니 화가 겨우 가라앉았다. 끝까지 보고 싶은 마음에 가까운 벤치에 앉았다. 두 뺨으로 가볍게 날아오는 물방울이 느껴졌다. 호두도 기분이 좋은지 실눈을 뜨고 웃었다. 꼬마는 그때 불쑥 나타났다.

달리기하던 꼬마가 일부러 우리 앞을 서성거렸다. 언제부터 여기서 뛰어놀고 있었을까. 꼬마에게 우리는 난데없는 관객일지도 모른다. 호기심 가득한 눈빛으로 호두를 보고 있다. 강아지 좋아해? 쓰다듬어도 돼. 꼬마가 성큼 다가왔다. 어색한 손길로 호두의 이마와 등을 만졌다. 털이 왜 이렇게 많아요? 신기해하더니 살짝 웃었다. 동네 아이들의 손길에 익숙한 호두는 가만히 웃고만 있었다. 꼬마는 금세 내 옆으로 올라와 앉았다. 호두의 발바닥을 만지더니 바지를 걷어 올렸다. 저도 털이 있어요. 귀여운 종아리를 번쩍 들어 보여주었다. 와! 정말이네. 멋진 형아구나. 정성껏 놀란 척을 해줬다.

귀가 뾰족해요. 귀가 왜 자꾸 뒤로 넘어가요?
지금 기분이 좋대. 형아가 좋은가 봐. 화가 나면 귀를 위로 쫑긋 세우고 으르렁대.
나는 화가 나면 이렇게 해요. 으아! 화난다!
꼬마는 두 주먹을 불끈 쥐고 부들부들 떨었다.
언제 그렇게나 화를 냈어? 그러면 너무 속상하지. 화가 많이 나도 소리를 지르거나 주먹질하면 안 돼. 그건 자신을 더 힘들게 하잖아.

너무너무 화가 날 땐 그렇게라도 풀어야겠지. 참는 건 어른들도 힘들어. 아이가 가만히 있길래 한 마디를 더 덧붙였다. 꼬마는 샤워를 끝낸 조형물 쪽으로 후다닥 뛰어갔다. 그 위로 올라가 엎드렸다. 두 팔로 날갯짓하더니 큰 소리로 물었다. 강아지도 여기 올라올 수 있어요? 아니, 거긴 너무 높아. 그때 누군가가 꼬마를 불렀다. 돌아보니 엄마처럼 보이는 여자가 걸어오고 있었다. 여자는 베트남어를 쓰고 있었다. 아무래도 인제 그만 돌아가자고 소리치는 것 같았다. 날고 있는 꼬마의 높고 넓은 세상을 상상했다. 재잘대던 꼬마는 갑자기 말이 없다. 엄마의 부름을 듣는 둥 마는 둥 했다.

계단에서 뛰어내리는 꼬마를 지켜보면서 호두를 쓰다듬다가 일부러 벤치에서 일어났다. 친구야, 강아지가 너무 덥고 목이 마르네. 집에 가야겠어. 다음에 또 만나자. 호두를 안고 털북숭이 손을 가볍게 흔들면서 웃어주었다. 꼬마는 아무도 모르는 아주 먼 곳에 살고 있을지도 모른다. 무사히 잘 지내길 빌었다.

끝까지

호흡이 긴 하루다. 오전부터 늦은 오후까지 장애 이해 캠프 강의가 있었고 초저녁에는 인터뷰가 있었다. 강의는 순조롭게 진행되었다. 숨을 돌릴 겸 이메일을 확인했다. 받은 메일함에는 아직 읽지 못한 메일이 쌓여있다. 휴대전화가 없던 시절, 메일은 낭만적인 도구였다. 친구와 돌려쓰던 우정 일기만큼 메일로도 속마음을 주고받곤 했다. 연락이 쉬워진 지금은 메일로 안부를 묻는 사이가 드물다. 자연스럽게 확인이 늦어졌다. 운이 좋으면 때에 맞게 읽었고 그렇지 않으면 놓쳤다. 고맙게도, 하염없이 나를 기다려준 이야기도 있었다.

정성이 가득한 이메일로 인터뷰를 요청한 사람은 대학생들이었다. 학창 시절에 자퇴를 고민하다가 학교 밖 청소년을 알게 되었다고 했다. 서울국제도서전에서 미디어커뮤니케이션 학부생이라는 그들을 만났다. 학교 밖 청소년에 관한 프로젝트를 기획하면서 나를 알게 되었다고 했다. 사전 질문지를 살펴보니 진솔하게 이야기하면 되겠구나 싶었다. 답변을 키워드로 메모하면서 준비했다. 명언이나 직언은 쓰지 않으려고 했다.

두 청년은 저녁까지 거르고서 사무실로 와주었다. 저녁 식사를 대접하고 싶었지만, 촬영까지 필요한 인터뷰라 시간이 빠듯했다. 무사히 인터뷰를 마치고 샌드위치와 음료를 챙겨주었다. 같은 마음이었는지 청년들도 작은 상자를 수줍게 내밀었다. 하트 모양 쿠키가 들어있었다. 그러면서 학교 밖 청소년 지원센터 관계자와 청소년을 대상으로 추가 인터뷰를 진행하고 싶다고 했다. 이런 인터뷰를 원했는데 그동안 계속 거절당했다고 했다. 무슨 일이든 돕겠다고 했다. 감사하다며 연신 고개 숙여 인사를 하는 모습이 되레 고마웠다. 다음날 바로 센터에 인터뷰 제안을 했고, 팀장님과 아이들도 흔쾌히 참여하기로 했다. 우연처럼 찾아온 마음을 무너뜨리지 않아서 다행이었다.

섣부른 마음 하나만 믿고 시작한 일은 잘 흐트러진다. 항상 마음의 뜻을 굳혀가야 한다. 뜻대로 되지 않아도 자꾸 시도

해야 한다. 그러면 다시 길이 생겼다. 생각해 보면 그 길은 누군가와 연결된다. 누군가를 돕고자 했던 순간은 길이 되어 지난날과 훗날의 나를 모두 돕는다. 사람들의 환대와 친절과 응원은 그래서 소중하다. 배고프던 나의 시절에는 밥을 먹여주고 책을 사주고 봉투를 쥐여 준 사람들이 있었다. 어깨를 꼭 감싸며 기도해 준 사람들이 있었다. 서로가 앞다퉈 이익과 손해를 따지지도 않았다. 저마다 잊지 못하는 손길이 있었기 때문이다. 지금, 이 순간에도 그 손길은 다른 이를 만나 사랑으로 전해지고 있다. 인터뷰의 마지막 질문은 여운이 길었다. 지금 만나고 있는 학교 밖 청소년들에게 바라는 점이 있는가? 청소년들에게 끼치고 싶은 영향이 있다면 무엇인가? 처음부터 그런 것은 없었다. 몸과 마음을 잘 지키면서 행복하게 살아가길 바란다. 나를 일으켜주던 사람들의 기도가 그러했듯이.

인터뷰가 끝나고 집에 돌아오니 자정이었다. 호두는 기다리다 지쳐 거실에 엎어져 있었다. 온종일 답답했는지 꼬리를 흔들며 재채기 소리를 냈다. 미안한 마음에 호두를 안고 바로 공원으로 나갔다. 지난봄 하은이와 소풍을 하러 간 공원이었다. 광장에 앉아 하은이의 할머니가 싸주신 김밥을 나눠 먹었다. 도시락 뚜껑을 열자마자 달려드는 고소한 냄새에 놀랐던 기억이 생생하다. 가지런히 담긴 김밥에서 반질반질하게 윤이

났다. 군침이 돌았지만 먹기가 아까웠다. 아까워하는 마음은 아끼는 마음이기도 했다. 흔한 음식이라 해도 그 속의 마음은 전혀 흔치 않은 것이다.

하은이의 학교 유예 절차를 마무리하기 위해 어머니를 만난 날에도 비슷한 생각을 했다. 외투 없이 견디기 힘든 날씨이었지만 모녀의 옷차림은 너무 얇았다. 열이 많아서 괜찮다는 대답에 마음이 더 쓰였다. 며칠 후 도톰한 겨울옷을 선물했다. 잘 입고 다니는지, 몸에 잘 맞는지 아이에게 넌지시 물어보니 많이 못 입었다고 했다. 나도 마찬가지였다. 아이가 손뜨개로 만들어 준 코스터와 작은 가방, 모자와 조끼를 하나도 쓰지 못했다. 전부 반듯하게 개어 옷장에 넣어두었다.

공원 연못에는 연꽃이 빼곡하게 피어있었다. 기분이 좋아 색색거리고 있는 호두를 안아 올렸다. 활짝 핀 여름밤을 두 눈에 담았다. 몇 걸음 뒤로 물러서서 보니 더 풍성하게 보였다. 눈앞이 막막할 때는 물러서야 한다. 붓이 길을 잃을 때마다 그랬다. 그리던 자리에서 몇 걸음 물러서 본다. 캔버스를 시계방향으로 돌려가면서 그리기도 했다. 그러다 보면 보이지 않던 새로운 부분이 나타났다. 길들지 않은 구두가 발뒤꿈치를 따끔하게 건드렸다. 심호흡을 뱉으면서 마음을 짓누르는 생각들을 밀어냈다. 끝까지 걸어가 보기로 했다. 조금만 더 가면 돼.
마침표를 쉼표로 고치는 이 순간을 담담하게 다독였다.

바람길

어느새 빠짝 마른 겨울이다. 낙엽이 굴러간 자리를 눈으로 쓸어본다. 다음 생애는 나무로 태어나고 싶어. 당신에게 기대어 우스갯소리처럼 말하곤 했다. 나무는 바람이 걷는 길을 안다. 떨어진 나뭇잎으로 그 길을 따라 걷는다. 아이가 떠난 여름을 비밀스럽게 맞이할 때도 그런 바람이 불었다. 여름이 허리까지 올라오는 날마다 창을 열었다. 화초를 볕으로 옮겨 놓고 물을 줬다. 바람은 화초에 맺힌 물기를 털면서 집 안을 천천히 배회했다. 보이지 않고도 존재하는 그의 인사. 불어오다 불어가는 것으로 증명하고 존재하는 그 방식이 좋았다. 나무가 좋아서 숲을 다니기 시작했지만, 상쾌한 숲의 숨을 연지리를 발견할 때만큼 좋아했다. 숲에서는 무엇이든 마음껏 떠올릴 수 있었다. 마음껏 사무칠 수 있었다. 잠든 척 넘겨버린 시간을 헤아릴 수 있었다. 마음이 텅 빈 날이 늘어날수록 바람은 육신을 꼼꼼하게 관통하며 지나갔다. 옷깃이 떨리고 머리칼이 흔들릴 때마다 아이를 생각했다. 그것으로 위로받은 사람이 되었다.

바람길을 따라 걸으며 죽은 이름들을 생각했다. 처음부터 정해진 운명이었을까. 그렇다고 해도 받아들이기 싫은 날이 많았다. 이름 없는 숲으로 가서 가장 큰 계수나무를 찾았다. 그 나무를 끼고 돌아 걸었다. 나무는 마중할 때도, 배웅할 때도 같은 모습이었다. 잎사귀를 사각거리며 흔들었다. 잎처럼, 바람처럼 흔들렸다. 우리가 아는 초록은 소리가 있다. 계절이 끝나면 그 소리는 보이지 않는 곳까지 추락한다. 탄생과 죽음이라는 범주 속에서 완벽하게 균형을 이룬 뒤 고귀한 숲이 된다. 그래서인지 숲의 균형은 숨죽이고 싶은 절망까지 완벽하게 감싼다. 끝을 끌어당기고 싶던 날과 불어나는 아픔에 휩쓸렸던 날을 차근차근 어루만진다. 나아진 우리는 바보처럼, 추락한 만큼 다시 떠오른다.

숲길이 익숙해지면 수축으로 향하는 점이 보인다. 물가에 나무처럼 바람처럼 서 있는 운명들이 보인다. 너를 기다리던 내 모습 같아 가까이 가보기도 했다. 햇빛을 걷으면 그늘이 있고 그늘을 걷으면 햇빛이 있다. 모두가 뒤편에서 정반대의 이야기를 쓰고 있다. 여름으로 간 너만은 뒷모습뿐이었다. 새 여름을 얻을 때마다 나는 네 얼굴을 보려고 기억을 구석구석 뒤졌다. 그러나 다른 것은 보이지 않았다. 이미 모든 게 제자리로 돌아갔다. 아니면 깨끗이 사라져 버렸거나. 얼굴 없는 여름 숲은 추운 마음을 다독였다. 죽음 앞에 맹세한 기도를 다시 태어나고 싶은 꿈이 되도록 타일렀다. 갈라진 심장을 감싸던 깊은 경계들도 서서히 아물었다.

큰 계수나무가 앙상해지고 나서야 겨울이 왔다고 말했다. 목도리를 어깨까지 꽁꽁 싸매고도 여름이 간 것은 아니라고 말했다. 떨어진 낙엽을 모으며 웃는 연습을 했다. 잊는다는 것은 내려놓는다는 것. 내려놓는다는 것은 보낸다는 것. 언젠가 잊어야 할 마음은 언젠가 잊어야 한다. 잊는 만큼 기억한다는 말을 믿으며 죄책감을 하나둘 내려놓았다. 조용히 시간을 가졌다. 하나의 여름마다 하나의 미안함을 풀었다. 매듭이란 원래 묶기보다 풀기가 더 어렵다. 많은 여름이 걸리겠지만 이제는 풀어가고 있다.

어제도 바람을 따라 걸었다. 보이지 않는 계절이 희망을 풍기고 있다. 숨을 크게 마셨다. 너를 떠올리면 식어가는 여름이 터지는 내음을 느낄 수 있다. 눈가가 뜨거워지다가 싱거운 웃음이 난다. 다가오는 여름을 마지막이라고 부르지 않기로 한다. 계속 그리기로 한다. 내 품에서 햇빛 냄새가 난다는 당신의 사랑이 영원할 수 있도록.

그루터기

볕이 시릴 때까지 쏟은 울음을 그친다. 입김이 서리지 않는 콧잔등이 낯설어 살며시 고갤 든다. 내게도 아픔 없는 아침이 찾아오나 보다. 나는 사근사근한 잎사귀로 덮여있다. 발 없는 무릎을 세우니 나무처럼 설 수 있다.

하나의 무릎으로 잔잔한 초록을 일렁여 본다. 아리따운 세월이 윤슬 위에서 간지럼을 탄다. 저편까지 닿는 강물 위에 우리가 있다. 이 계절과 함께 열린 터전은 우리를 머금고 있다. 아른대다 사라질까, 숨을 참았다. 딛고 있던 그루터기가 휘청인다. 달아나던 시간이 고갤 돌려 이쪽을 본다. 감당할 수 없는 사랑을 들키고 말았다.

나는 입꼬리만 웃어 보였다. 소리 없이 울었을지도. 그러다 다시 처절하게 아팠다. 가슴 한가운데가 근질거렸다. 그 밤처럼 처연해지다 미련해진다. 동그라미로 시작해서 시소로 끝마친 이름들이 수평선으로 굴러간다. 나의 심장은 차가운 달을 녹이느라 가운데가 뚫린 채 서서히 켜지고 있다. 이불을 걷고 영혼이 사라진 푸른 수풀 속으로 깊이 뛰어들었다.

우리 엄마, 우리 할머니이던 혼들이 울지 않는 우물에 둘러앉아 인사를 건넨다. 그들을 업고 고요한 세계를 향해 걷는다. 선처럼 얇아지는 초록이 우리를 배웅한다. 한순간도 잊지 말자. 몹시 사랑했던 얼굴이 돌이킬 수 없는 인사를 나눈다. 밤의 끝이 서서히 열리고 있다. 손가락 끝을 툭툭 부딪쳐보았다. 떨림은 아직 가시지 않았다. 발자국이 선명한 그루터기를 어루만지다 깊은 잠이 든다.

그루터기(Tree stump)
Mixed media on canvas,
F50(116.8x91.0cm), 2024.

출구

쓰고 그리는 일이 낭만적이지 못한 시절도 있다.
우리는 이 시절을 반겨야 한다.
지극히 냉정한 현실이야말로 글과 그림을 죽일 수 없다.

뒤꿈치부터 디디는 인간의 진화처럼
땅에서 떨어진 두 손이 이룬 역사처럼
예술은 저항과 인정을 끌어안고 여기까지 왔다.

사랑하지 않을 수 없어서 사랑하듯이
깨물면 가장 아픈 손가락을 걸어왔다.

그렇게 그린 만큼, 사랑한 만큼 살아왔다.
헤맨 만큼, 믿은 만큼 행복했다.
사랑이 저물어도 가장 사랑했던 순간의 당신은 지우지 않았다.

아픈 날에는 밖으로 나가본다.
막막할수록 가장자리를 따라 걸어본다.
삼키지 못했던 이야기들을 종이 위에 펼쳐 본다.

붓에 다뤄지는 이 운명을 충실하게 소모할 계획이다.
그림이 내 모든 감정을 소유하는 날까지 남아보려 한다.
아주 먼 시간까지 가닿길 바라며 나약한 고백을 마친다.

네가 머물다간 어느 여름날에.

추
천
사

"붓으로 선 하나를 그을 때마다 마음의 칼자국 하나를 지울 수 있다면 얼마나 좋을까." 그녀의 삶, "실컷 우는 날이 많았다. 그러면 실컷 웃는 날도 왔다." 그래도 그녀는 그랬다. 그녀의 책은 하나하나마다의 여름을 담았고, 그 여름마다 풀어낸, 억울할 수도 있는 미안함을 품었다. 서른셋 그녀는 착하거나 경계를 넘어선 사람, 감동은 화려한 기교가 아니라 간절한 진실로부터 나온다. 읽는 내내 나는 요즘 쏟아지는 책들이 그녀의 책처럼이었으면 좋겠다고 생각했다.

-송철호(인문학자, 한국지역문화연구원 원장)

처음 본 그녀는 여리고 마른 새 같았다. 엷은 날개에 핏빛 얼룩이 어른거렸다. 이내 알았다. 그 어떤 난폭함도 그녀를 해칠 수 없음을. 폭격 같은 고통도 그녀를 끝내 침범하지 못함.

『소류지에 머무는 밤』은 박소담 작가의 고백록이다. 이별과 상처를 먼저 배운 아이, 눈물과 죽음을 몸으로 품어낸 소녀의 이야기다. 가혹한 현실의 유배지에서 작가는 그림을 그렸다. 그녀의 붓질은 싸움이자 사랑이다. 이제 그녀는 잔잔한 호수가 되었다. 먹먹히 그리고 조용히 그녀의 글 곁에서 울지 못한다면, 당신의 인생은 거짓말.

박소담 작가를 화가, 시인, 선생이라고 부른다. 그녀에게 다른 이름을 더해야겠다. 치유자, 위로자, 사랑의 부적! 갸르릉 울리는 초록의 소류지에서 그녀가 부르는 작은 사랑의 노래를 듣다 실컷 울어도 좋겠다.

- 강경희 문학평론가 갤러리지지향 대표